水中健身

全民健身项目指导用书

王月华　王荣波◎主编

U0782785

吉林出版集团股份有限公司　全国百佳图书出版单位

图书在版编目（CIP）数据

水中健身 / 王月华，王荣波主编. -- 2 版. -- 长春
: 吉林出版集团股份有限公司, 2010.2（2024.8重印）
全民健身项目指导用书
ISBN 978-7-5463-2369-5

Ⅰ. ①水… Ⅱ. ①王… ②王… Ⅲ. ①水上运动－基
本知识 Ⅳ. ①G861

中国版本图书馆 CIP 数据核字(2010)第 028366 号

全民健身项目指导用书

水中健身

SHUIZHONG JIANSHEN

主　　编	王月华　　王荣波
责任编辑	李婷婷
封面设计	吕宜昌
开　　本	650mm×960mm　1/16
印　　张	8
字　　数	60 千
版　　次	2010 年 2 月第 2 版
印　　次	2024 年 8 月第 4 次印刷

出版发行	吉林出版集团股份有限公司
地　　址	吉林省长春市福祉大路 5788 号
邮　　编	130000
电　　话	0431-81629968
电子邮箱	11915286@qq.com
印　　刷	三河市金兆印刷装订有限公司

书　号　ISBN 978-7-5463-2369-5　定　价　39.80元

序　言

自 1995 年我国政府推出《全民健身计划纲要》以来，我国群众性体育活动蓬勃发展，取得了显著的成绩。2008 年，举世瞩目的北京奥运会的成功举办，极大地激发了亿万人民群众的体育热情，增强了全社会的体育意识，营造了浓厚的全民健身氛围。面对这样的可喜局面，群众体育科研、教学工作者应义不容辞地为社会实践服务，从不同角度思考，如何使普通百姓通过简而易行的身体锻炼方式、方法和手段达到良好的健身效果，达到拥有健康的目标，从而享受生活、享受快乐人生。该书系就是在这样的思想指导下诞生的。

本书系能够顺应国家体育的大政方针，掌握时代脉搏，对指导大众健身，使大众掌握健身方法和手段有很好的促进作用。

本书系图文并茂，实用性强，分为球类运动、体操健身运动、传统武术、冰雪运动、水上运动、体育舞蹈、休闲运动、格斗运动、民间体育活动和极限运动等十大类项目，计 100 分册，按照统一的体例，力争有所创新。每册的具体内容为该项目的起源与发展、运动保健、基本技术、运动技巧、比赛规则等，使读者在学习过程中，不仅能够学会运动健身的方法，同时还能够学到保健方面的基本知识。

经国务院批准，自 2009 年起，将每年的 8 月 8 日定为"全民健身日"。《全民健身项目指导用书》的出版，必将为开展全民健身活动起到积极的推动和指导作用。

目录 CONTENTS

目录 CONTENTS

第一章 概述

水中健身运动是指练习者在齐腰至齐胸深水的中，随音乐由教员带领，做根据不同人群需要所编排好的体操或动作以及水中康复等练习。水中健身结合了花样游泳、舞蹈、有氧操、形体塑造、泳姿训练等多方面的内容，既有陆上项目之一，又有水中动作，是多种风格的大融合。水中健身运动的人数可根据场地的大小·来确定。该项运动在世界上的很多国家已经开展几十年了，是游泳馆常年开展的运动项目。这项运动对练习者的身体机能有康复和提高的作用，还有利于练习者修塑形体、养肤护肤等，它是一项简便、安全、科学、有趣的群众性水中运动。

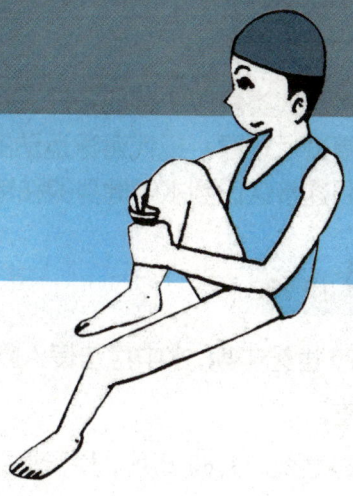

第一节

起源与发展

在社会竞争日益激烈的今天，健身已成为人们提高生活质量、减少竞争压力的一个重要方式。作为一项新兴的健身项目，水中健身运动凭其自身的优势越来越受到人们的喜爱。

水的健身功效在很早就被发现并利用了。两千多年前，古希腊名医希波克拉底就提倡用水来治疗多种疾病。公元 3 世纪，古罗马的浴室主要用于治疗多种疾病和损伤。

1920 年，美国前总统富兰克林通过一些水中练习来治疗脊髓灰质炎，此后，这种水中疗法得到普及。

世界第一位飞上太空的原苏联宇航员加加林，就是在水中出生的，并且在进行宇航员培训时，水中健身是他每天必不可少的训练项目，日积月累，他逐渐练就了强健的体魄。

水是人类赖以生存的条件，医学界就曾利用水的特殊功效为病人的康复进行理疗。现代游泳运动的兴起和各种水中娱乐活动的开展，使人们逐步认识到水中健身的独特价值。

20 世纪中期，水中疗法传入欧洲。1965 年，水中疗法开始进入大学课堂。

20 世纪 70、80 年代，水疗康复在美国盛行。人们通过做水中有氧健身操来达到康复的目的。

20 世纪 80 年代晚期，人们对水中健身运动的兴趣不断增加，希望可以通过水中健身达到减轻体重，增进健康的目的。

20 世纪 90 年代，水中健身成为职业运动员训练中非常重要的一部分，特别是在澳大利亚和新西兰，水中健身被教练列为运动员身体恢复计划中的一部分。一些项目的运动员（比如橄榄球和马拉松运动员）还通过在水中进行交叉训练来预防疲劳损伤和提高运动成绩。

目前，水中健身运动已发展成为日本、澳大利亚、美国、巴西、英国等国健身塑身行业中非常流行的健身方式。在美国参加健身活动的女性群体中，有 30％的人选择水中健身作为自己的健身方式。

发展趋势

为更广泛地开展群众性体育活动，增强人民体质，推动我国社会主义现代化建设事业的发展，1995 年 6 月，国务院提出了《全民健身计划纲要》，号召全社会广泛开展全民健身运动。目前，全民健身运动在全国范围内蓬勃发展，具有中国特色的全民健身体系的框架已经初步形成。全民健身运动的开展，有利于提高人们的生活质量，丰富人们的业余文化生活，促进社会进步；有利于加强社会主义精神文明和物质文明建设，提高我国的综合国力，振奋民族精神。

水中健身对强身健体、健美体形、防病治病都有积极的功效。它不仅能增强心脏功能和呼吸系统功能，还能改善情绪状态，提高智力，让人们在锻炼中消除烦恼与疲劳，使精神与肢体得到放松，收获好心情，陶冶情操。水中健身形式和内容丰富多彩，不受年龄、性别、体质好坏等限制，有人称其为"0 到 90 岁的休闲娱乐活动"。

如今在国内，水中健身运动已经渐渐普及，成为全民健身计划不可缺少的重要部分。水中健身运动刚刚兴起就显示出了巨大的生命力，它必将成为最受现代人欢迎的健身方式之一。

第二节

场地、器材和装备

　　水中健身运动是一种休闲类体育运动,对场地的要求不是很高。但是,为了达到良好的锻炼效果,运动时要配备必要的器材,准备合适的装备。

 场地

　　水中健身运动一般在室内游泳馆的浅水区进行。场地一般长 20～25 米,宽 10～20 米,水深 1.2～1.4 米,水温 27℃～29℃,符合国家卫生部颁发的水质卫生标准,即:pH 值为 6.5～8.5,浊度＜5,池水清澈透底,耗氧量＜6 毫克／升,尿素＜2.5 毫克／升,游离余氯 0.4～0.6 毫克／升,化合性余氯＞1.0 毫克／升,细菌总数＜1000 个／毫升,大肠杆菌＜18 个／升,以防止病菌感染(见图 1-2-1)。

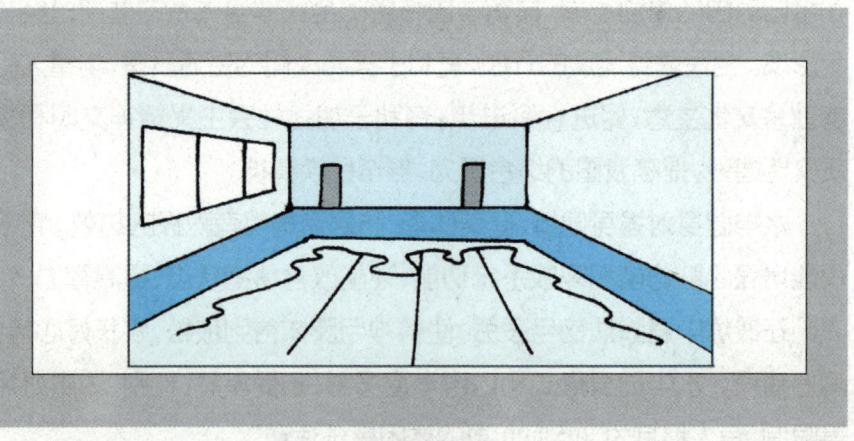

图 1-2-1

 器材

　　进行水中健身运动时,可借助各种器材来增强锻炼效果和增加运

动乐趣。常用的器材有平衡板、平衡圈、平衡划水掌和夹腿板等。

 **平衡板** 见图1-2-2

平衡板的设计要综合考虑肩膀幅度、浮起角度等因素。借助平衡板进行水中健身运动，可以获得良好的放松感觉。

图1-2-2

 **平衡圈** 见图1-2-3

平衡圈是一种浮球。双脚使用平衡圈，可以使腿部和臀部肌肉得到很好的锻炼；双手使用平衡圈，在做水中跳跃练习时可以获得一定的支撑。

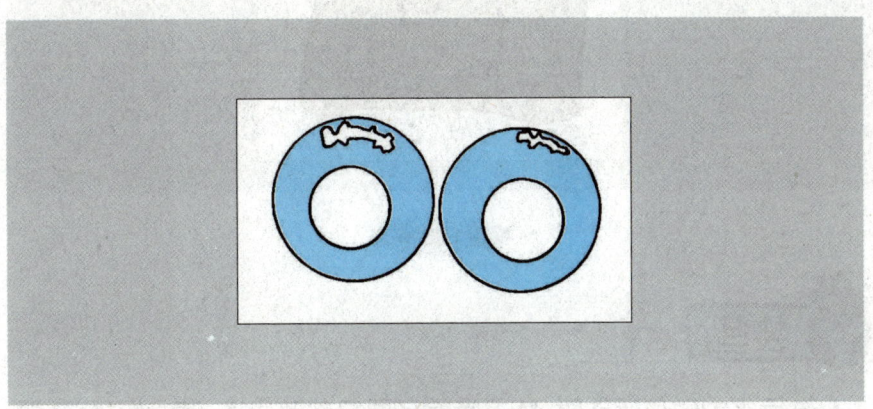

图1-2-3

 **平衡划水掌** 见图 1-2-4

使用平衡划水掌能增强肩部用力程度，从而拉伸腹部肌肉，牵拉上肢，从而使手掌和手腕负荷增加，这对伸展上肢有着积极的作用。

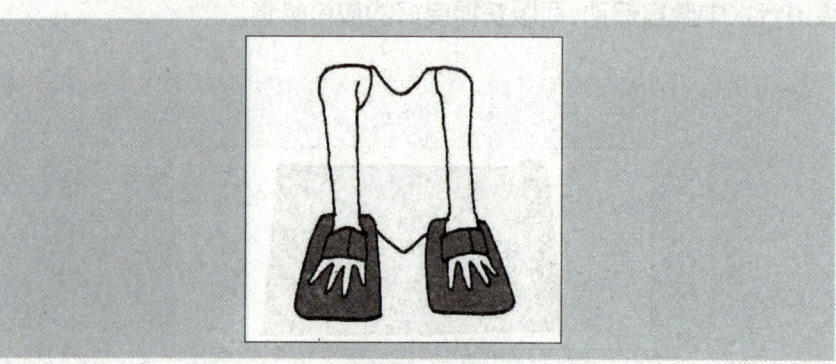

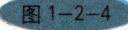
图 1-2-4

 **夹腿板** 见图 1-2-5

夹腿板是根据大腿形状设计的，它的左右两边有鼓起的部分，便于固定，防止其在水中滑落。

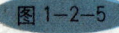
图 1-2-5

 **装备**

进行水中健身运动时，练习者除了要穿戴游泳衣、游泳帽外，还要佩戴游泳镜、耳塞和鼻夹等，而且要准备好浴巾和拖鞋。

游泳衣    见图1-2-6

游泳衣有男款和女款之分。游泳衣的大小必须合体,太大容易兜水,太小则会有紧绷感。总之,不合身的游泳衣穿起来会感觉很不舒服,不利于动作的完成。目前市场上所提供的游泳衣品种繁多,式样各异,价格从几元到几百元不等,面料主要是棉布、针织罗纹以及化纤、涂塑橡胶等。

图1-2-6

游泳帽    见图1-2-7

戴着游泳帽进行水中健身,可以防止池水对发质的损伤。游泳帽不能过大,否则容易脱落,其材质以有弹性的尼龙或橡胶为宜。

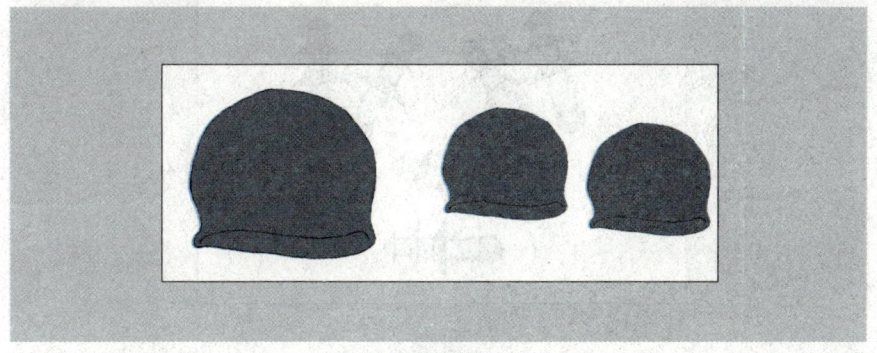

图1-2-7

 **游泳镜** 见图 1-2-8

进行水中健身运动时，池水中的细菌很容易进入眼睛，导致流行性结膜炎等眼部疾病。佩戴游泳镜可有效预防眼部疾病的发生。

图 1-2-8

 **耳塞** 见图 1-2-9

耳朵进水后会感觉很不舒服，严重时会引起耳部疼痛，甚至影响听力，因此练习者在进行水中健身运动时应佩戴耳塞，以防耳朵进水。

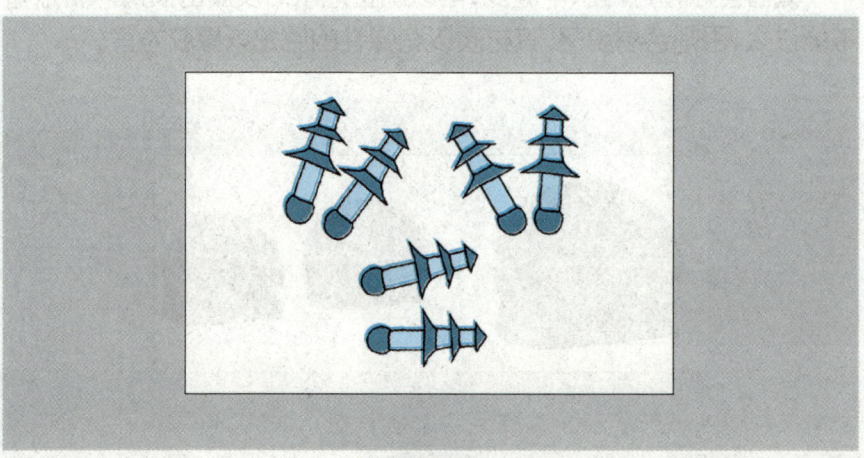

图 1-2-9

概
述

 **鼻夹** 见图 1-2-10

水中健身的一些动作需要将肩部没入水中，在这种情况下，水波很容易把水冲入鼻孔，引起呛水。戴好鼻夹可有效地防止呛水。

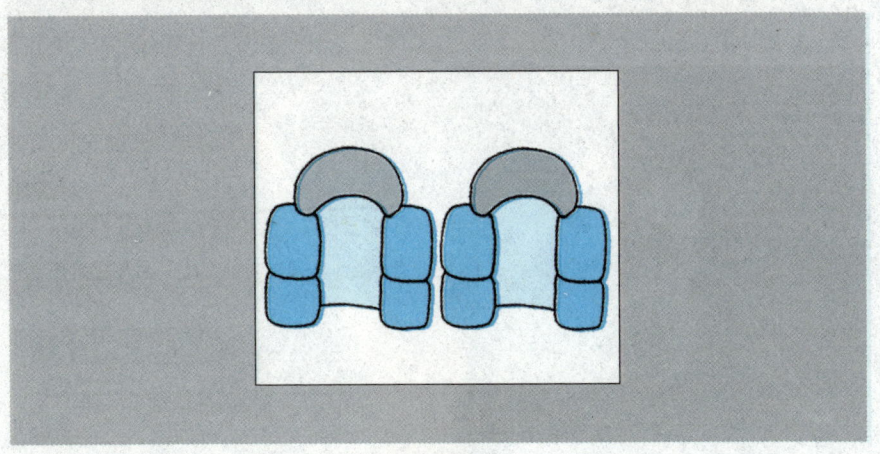

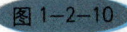
图 1-2-10

 **浴巾和拖鞋** 见图 1-2-11

练习者在上岸休息时，可以用毛巾擦干身体，披上浴巾，穿上拖鞋，既可以保暖，又比较卫生。

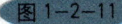
图 1-2-11

第二章 运动保健

　　体育运动对增强体质、预防疾病和促进健康具有良好的作用。但是,并非所有人从事相同的运动都会达到同样的效果。对于同一种运动负荷,不同人机体的反应差异是很大的,即使同一个体,在不同时期、不同机能状态下,对同一负荷的反应及效果也是不一样的。因此,对于不同个体,应制定适合其机能需要的运动强度、时间、频率和持续周期。从事体育锻炼一定要讲究科学性,使机体最大限度地获得运动价值,使某些疾病得到有效的防治。

第一节

自我身体评价

自我身体评价是指根据个体的不同情况以及简单的功能评定标准，对锻炼者进行身体评价，并以此为依据，确定具体的锻炼内容。

适宜人群

体适能是全身适应性的一部分，是人体精神和体力对现代生活的适应能力。为了促进健康，预防疾病，提高生活质量和工作学习效率，几乎所有人都可以追求健康体适能，而且经过简单的评价和测试，均可以成为目标人群，即适宜人群。

健康体适能评价标准

健康体适能是指身体有足够的活力和精力处理日常事务，而不会感到过度疲劳，并且还有足够的精力去享受休闲活动和应对突发事件。

健康体适能是确定锻炼者是否为运动适宜人群的主要依据。目前的评价标准主要包括国民体质测定标准、学生体质测定标准和普通人群体育锻炼标准等。

国民体质测定标准主要包括形态指标、机能指标和素质指标3个部分，各项指标的测定结果均为1~5分，共5个级别。凡各项指标达不到4分或5分者，均应被纳入健身人群。

学生体质测定标准分为优秀、良好、及格和不及格4个级别。优秀水平以下者，均应被纳入健身人群。

普通人群体育锻炼标准分为5个级别，凡达不到4分或5分者，均应被纳入健身人群。

简易运动功能评定

简易运动功能评定的目的在于确定锻炼者有无运动禁忌症或临时运动禁忌的情况，即是否适合参加体育锻炼，以达到防备万一、避免意外事故发生的目的。目前通行的方式为3分钟踏台阶测试。

 **目的**

测试锻炼者运动后心率恢复的情况，以评估其心肺功能。

 **器材** 见图2-1-1

30厘米高的长凳、节拍器、秒表和时钟。

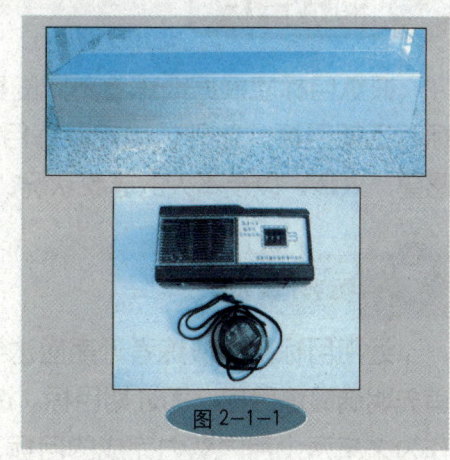

图2-1-1

 **步骤** 见表2-1-1

（1）节拍器设定为每分钟96次，锻炼者依"上上下下"的节拍运动3分钟。

（2）锻炼者完成3分钟踏台阶后，5秒钟内开始测量其脉搏，时间为1分钟，记录其心率，并依据下表评价其功能水平。

（3）运动后心率越低，证明其心肺功能越好。在运动强度允许的范围内，锻炼者可选择运动强度的较高值来进行运动。

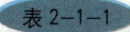 表2-1-1　3分钟踏台阶测试评价表

	年龄(岁)	欠佳(次)	尚可(次)	一般(次)	良好(次)	优异(次)
男士	18~25	>115	105~114	98~104	89~97	<88
	26~35	>117	107~116	98~106	89~97	<88
	36~45	>119	112~118	103~111	95~102	<94
	46~55	>122	116~121	104~115	97~103	<96
	56~65	>119	112~118	102~111	98~101	<97
	65+	>120	114~119	103~113	96~102	<95
女士	18~25	>125	117~124	107~116	98~106	<97
	26~35	>128	119~127	111~118	98~110	<97
	36~45	>128	118~127	110~117	102~109	<101
	46~55	>127	121~126	114~120	103~113	<102
	56~65	>128	118~127	112~117	104~111	<103
	65+	>128	122~127	115~121	101~114	<100

注意事项

如锻炼者经过努力仍无法达标，或出现头晕、胸闷、出冷汗等症状，应立即终止测试。运动中应特别考虑运动强度，以防止出现意外。

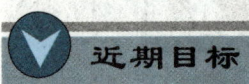

锻炼目标应根据锻炼者不同的身体状况来确定，可分为近期目标和远期目标。此外，确定锻炼目标还应结合锻炼者的运动意向、愿望、兴趣，以及本人的健康状况、疾病程度等因素来进行。

近期目标

近期目标是指锻炼者近期应达到的目标。在进行运动之前，应首先明确锻炼目标，即近期目标。选择一两个健康体适能构成要素，作为未来两个月内努力完成的目标，而且应从成功概率较高的构成要素开始，并将预期两个月后要达到的目标做上记号，如提高某个或某些关节的活动幅度，增强某个肌肉群的力量等。

远期目标

远期目标是指锻炼者最终要达到的目标。实践证明，经过科学合理的锻炼后，锻炼者是可以达到一般的远期目标的，如提高心肺功能，使其达到优秀的等级，或达到降血脂、防治高血压和冠心病的目的等。

运动负荷即运动量。怎样控制运动量，合适的运动时间是多少等，一直是人们争论不休的问题。但有一点是可以肯定的，那就是任何有关身体活动的意见和建议，都需要综合考虑锻炼者的身体状况和所要达到的目标，并以此为依据来制订科学的身体锻炼计划。

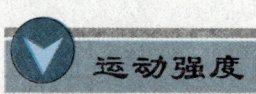

运动强度

在运动过程中，运动强度过小，则无法达到锻炼的效果；运动强度过大，不仅达不到最佳的锻炼效果，还可能产生一些副作用，甚至出现意外事故。确定运动强度有两种方法，即心率简易推测法和主观感觉疲劳分级表推测法。

❋ 心率简易推测法

（1）年龄在 20 岁左右的年轻人，身体健康，能坚持体育锻炼，欲进一步提高身体机能，可取最大心率值（最大心率值 =220 - 年龄）的 65%～85%。

（2）年龄在 45 岁以下，身体基本健康，有运动习惯者，开始进行健身锻炼，可取最大心率值的 65%～80%，没有运动习惯者，开始进行健身锻炼，可取最大心率值的 60%～75%。

（3）年龄在 45 岁以上，身体基本健康，有运动习惯者，开始进行健身锻炼，可取最大心率值的 60%～75%，没有运动习惯者，建议根据自身情况咨询专业人员来指导和确定运动强度。

❋ 主观感觉疲劳分级表推测法 见表 2-1-2

运动的疲劳程度大致分为 10 级，具体为：0～1 级，没感觉；2～3 级，尚轻松；4～5 级，稍累；6～7 级，累；8～9 级，很累；10 级，精疲力竭。因此，健身锻炼的运动强度应控制在主观感觉疲劳程度的 4～7 级。

表 2-1-2　主观感觉疲劳分级表

0 没感觉		2 尚轻松		4 稍累		6 累		8 很累		10 精疲力竭
	·		·		·		·		·	

 运动频率

运动频率是指每日及每周锻炼的次数。一般每周锻炼 3～4 次，即隔日锻炼 1 次即可。有充足的休息时间，可使机体得到充分的休息，收到更好的锻炼效果。

 **运动持续时间**

运动强度和运动持续时间，决定了一次锻炼的运动量和热量消耗。运动持续时间与运动强度成反比，运动强度大，运动持续时间可相应缩短，运动强度小，则运动持续时间应相应延长。

一般的健身锻炼，运动持续时间以每天 20～60 分钟为宜，其中包括准备活动时间、健身锻炼时间和整理活动时间。每次健身锻炼应在 20 分钟以上，锻炼可一次性完成，也可分段进行，但每段的活动时间应在 10 分钟以上。

运动保健

第二节

运动价值

运动价值是人们一直在探讨的问题。一般认为，运动具有两方面的价值，即健身价值和心理价值。身体和精神的健康是相互依存的，伴随着身体功能的改善，精神状况也能同时得到改善。

 **健身价值**

健身价值在于提高体适能。体适能包括心肺耐力素质、肌肉力量素质、柔韧性素质和身体成分等。体适能的发展是积极从事锻炼的结果，只有规律性的体育锻炼才能达到最佳的体适能。

提高心肺耐力素质

心肺耐力是指全身肌肉进行长时间运动的持久能力，是体内心肺系统对身体各细胞的供氧能力。人体的心脏、肺、血管、血液等组织的功能是心肺耐力的基础，它们与氧气和营养物质的输送以及代谢物的清除有关。健全的心肺功能是健康的基本保证。

系统的体育锻炼，可以使心肌增厚，收缩力加强，心室容积增大，从而使心脏的泵血功能增强，表现为心血输出量增加。

系统的体育锻炼，呼吸系统机能也将得到提高，表现为呼吸肌的力量增强，肺活量、肺通气量明显增加，保证对机体供氧的能力。

系统的体育锻炼，可以促进血管系统的形态、机能和调节能力产生良好的适应力，从而提高机体的工作能力。

系统的体育锻炼，可以使血液系统产生某些适应性变化，如血容量增加、血黏度下降、红细胞膜弹性增强和红细胞变形能力增强等。

提高肌肉力量素质

肌肉力量是指肌肉最大收缩产生的对抗阻力或负荷的能力。肌肉力量只有达到一定的程度，才能克服外界阻力，而克服外界阻力是维持日常生活自理、从事各种劳动和运动的必要前提。

系统的体育锻炼，可以提高肌肉的生理横断面积，可以改善神经系统对肌肉收缩的支配功能，还可以提高肌肉内代谢物质的储备量，使肌肉力量得到提高。

提高柔韧性素质

柔韧性是指人体各关节的活动幅度，即关节的肌肉、肌腱和韧带等软组织的伸展能力。柔韧性对于保证正常生活质量、维持正常体态、预防损伤发生和减轻损伤程度等方面均起到至关重要的作用。

系统的体育锻炼，还可以延缓因年龄因素而导致的柔韧性下降，预防因缺乏运动而导致的关节结构、周围软组织和膝关节肌肉退化，从而使锻炼者的日常生活、劳动和运动等更加充满活力。

改善身体成分

身体成分是指人体体重中的脂肪组织和去脂组织的重量百分比。身体成分中的脂肪成分增加，肌肉成分必然下降。身体中不具备收缩功能的脂肪组织增加，必然导致身体进行各种活动的能力下降，基础代谢水平降低，肥胖症、冠心病、高血压、糖尿病、高血脂等慢性疾病发病率的提高。因此，身体成分是保证人体健康的重要内容之一。

通过系统的体育锻炼，随着锻炼者体质的增强，热量消耗便随之增加，进而燃烧掉体内多余的脂肪，使身体成分得到改善。而身体成分的改善，又可以减少体重对关节可能带来的不利影响，还可以使肥胖者的心理状况得到改善，增强其自信心，使其逐步建立起健康的生活方式。

心理价值

研究证明，有规律的体育锻炼不但可以使锻炼者增强体质、促进身体健康、预防一些慢性疾病，还可以提高锻炼者的生活满意度和生活质量，对其心理健康产生积极影响。

体育锻炼的心理健康效应主要表现在六个方面：

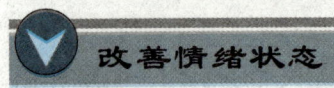
改善情绪状态

短期效应

研究发现，体育锻炼对人的情绪状态具有显著的短期效应。运动后人们的焦虑、抑郁、紧张和心理紊乱等症状会明显减轻，而精力和愉快程度则明显增强。而且这种情绪的迅速变化，与锻炼者个体的健康状况、活动形式和活动强度等有着直接的联系。

 长期效应

体育锻炼对人情绪的长期效应有着直接的影响，与不锻炼者相比，有规律的锻炼者在较长时期内很少会产生焦虑、抑郁、紧张和心理紊乱等情绪。

完善个性行为特征 见表 2-2-1

人们的行为特征一般可以分为两种类型，用 A 型行为特征和 B 型行为特征来表示。A 型行为特征主要表现为性情急躁、争强好胜、容易激动、整天忙碌和做事效率高等。B 型行为特征主要表现为不好竞争、不易紧张、不赶时间、对人随和、喜欢自由自在等。具有 A 型行为特征的人由于过度紧张的情绪反应，会引起内分泌失调，增加心脏病发病的概率。目前的一些研究主要集中在体育锻炼对改变 A 型行为特征的作用方面。研究结果表明，有规律的体育锻炼能明显改变 A 型行为特征。

表 2-2-1　A、B 型个性行为特征常见表现

A 型行为特征者常见表现	B 型行为特征者常见表现
约会从来不迟到	对约会很随便
竞争意识很强	竞争意识不强
别人要讲话时总爱抢先或插话	是别人讲话时很好的听众
总是匆匆忙忙	即使有压力也从不匆忙
等待时缺乏耐心	能够耐心等待
干事时全力以赴	处事漫不经心
同时想干很多事	在一段时间里只干一件事情
讲话喜欢用加强语气，甚至敲桌子	讲话语速缓慢，不慌不忙
做了好事希望能得到别人的认可	只要自己满意即可，不管别人怎样想
吃饭、走路都很快	做事情很慢
不善与人相处	为人随和
容易暴露自己的感情	能控制自己的感情
具有广泛的兴趣	没什么业余爱好
雄心壮志	满足于目前的工作和学习状况

确立良好自我概念

自我概念是指个体对自己身体、思想和情感的主观整体评价，它由许多自我认识组成，包括我是什么人、我主张什么和我喜欢什么等。

坚持体育锻炼，可以使锻炼者体格强健、精力充沛、提高驾驭身体的能力，从而改善对自身的满意程度，确立良好的自我概念。

改变睡眠模式

根据脑电图的显示，人的睡眠可以分为两种状态，即慢波睡眠状态和快波睡眠状态。前者为浅度睡眠状态，后者为深度睡眠状态。一夜之间两种睡眠状态会交替发生 4～5 次。

有规律的体育锻炼不仅对慢波睡眠有促进作用，而且能缩短入眠的潜伏期，并延长睡眠的时间。

改善认知能力

体育锻炼还能改善人的认知过程，避免反应时间过长、注意力不集中和思维混乱等症状的发生，尤其对老年人的认知能力改善效果更为明显。

增加心理治疗效应

体育锻炼被公认为是一种心理治疗的好方法。目前人群中常见的心理疾患是抑郁症和焦虑症。研究发现，体育锻炼是治疗抑郁症的有效手段之一，抑郁症患者经过有规律的体育锻炼，抑郁症状能明显减轻。

体育锻炼还具有治疗焦虑症的作用，通过有规律的体育锻炼，可以使锻炼者的焦虑症状明显改善。

第三节

运动保护

在运动过程中，人体机能会随时发生变化。因此，应针对这种机能变化的特点来进行体育锻炼，也就是我们所说的运动保护。运动保护一般包括运动前准备、运动后放松和自我养护三个方面。

 运动前准备 ◆◆◆◆◆◆◆◆◆

准备活动是指在正式运动之前进行的有目的的身体练习。做好充分的准备活动，可以缩短机体进入最佳状态的时间，同时还可以预防运动损伤的发生，为机体发挥最大的工作效率做好功能上的准备。

▼ 准备活动的作用

✿ 提高中枢神经系统兴奋状态

（1）使大脑反应速度加快，参加活动的运动中枢神经相互协调。

（2）为正式运动时生理机能达到适宜程度提前做好准备。

✿ 提高机体代谢水平

（1）准备活动可以使锻炼者体温升高，降低肌肉黏滞性，使肌肉的伸展性、柔韧性和弹性增强，从而有效预防运动损伤的发生。

（2）准备活动可以增强体内代谢酶的活性，使物质代谢水平提高，以保证运动时有较充分的能量供应。

✿ 克服内脏器官生理惰性

（1）准备活动可以提高心血管系统和呼吸系统的机能水平，使肺通气量及心血输出量增加。

（2）可以使心肌和骨骼肌的毛细血管扩张，使其工作肌获得更多的氧，从而克服内脏器官的生理惰性，使之尽快达到最佳状态。

增加皮肤毛细血管血流量

准备活动可以使皮肤毛细血管的血流量增加，运动后毛细血管扩张，有利于散热，降低体温，有效防止开始正式活动时由于体温过高而影响运动能力。

准备活动要求

准备活动时间

(1)准备活动的时间可以根据运动项目的具体情况确定，一般以10～30分钟为宜。

(2)准备活动与正式运动的间隔时间，一般以不超过15分钟为宜，可以在做完准备活动后立刻进行正式运动。

准备活动强度

(1)准备活动的强度和量应较正式运动小，以免引起不必要的疲劳。

(2)准备活动的量可以由心率来决定，心率以100～120次／分为宜。

准备活动内容

一般性准备活动

一般性准备活动的内容多以伸展运动开始，然后进行一般性的跑步、徒手体操等活动。

下面介绍一套常用的一般性准备活动操，供锻炼者运动前使用。这套活动操主要包括头部运动、肩部运动、扩胸运动、体侧运动、体转运动、髋部运动和踢腿运动等。

图 2-3-1

头部运动

头部运动的动作方法（见图 2-3-1）：两手叉腰,两脚左右开立,做头部向前、向后、向左、向右,以及绕环运动。

肩部运动

肩部运动的动作方法（见图 2-3-2）：手扶肩部,屈臂向前、向后绕环,以及直臂绕环。

图 2-3-2

扩胸运动

扩胸运动的动作方法（见图 2-3-3）：屈臂向后振动及直臂向后振动。

体侧运动

体侧运动的动作方法（见图 2-3-4）：两脚左右开立,一手叉腰,另一臂上举,并随上体向对侧振动。

体转运动

体转运动的动作方法（见图 2-3-5）：两脚左右开立,两臂体前屈,身体向左、向右有节奏地扭转。

髋部运动

髋部运动的动作方法（见图 2-3-6）：两脚左右开立,两手叉腰,髋关节放松,向左、向右 360 度旋转。

图 2-3-3

踢腿运动

踢腿运动的动作方法（见图 2-3-7）：两臂上举后振，同时一腿向后半步，重心置于前腿，两臂下摆后振，同时向前上方踢腿。

运动保健

图 2-3-4

图 2-3-5

图 2-3-6

图 2-3-7

专门性准备活动

专门性准备活动的动作方法、节奏和强度等与正式锻炼相似，目的是使人体主要肌群在运动前得到动员，为正式锻炼做好准备。

运动后放松是指运动之后所进行的一些能够加速机体功能恢复的、较轻松的身体活动。与运动前准备活动相反，其目的是使锻炼者的生理机能水平逐步得到恢复。

运动性手段

（1）运动结束后，锻炼者可采用变换运动部位的方法来消除疲劳，如上肢出现疲劳时可做一些慢跑运动，下肢出现疲劳时可做一些上肢运动。

（2）转换运动类型也是一种不错的放松方法，如打羽毛球出现疲劳时，可从事瑜伽运动来达到放松的目的。

（3）还可以用调整运动强度的方法来缓解疲劳，如可以在放松过程中，采用小强度的轻微运动方法等。

整理活动　见图2-3-8

（1）整理活动是指运动后所做的一些能够加速机体功能恢复的身体活动，如剧烈运动后进行3～5分钟慢跑或其他整理活动，使身体机能得以恢复。

（2）剧烈运动后如不做整理活动而骤然停止动作，会影响氧气的补充和静脉血的回流，使机体血压降低，引起不良反应。

图 2—3—8

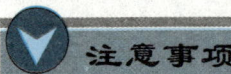

注意事项

（1）在进行整理活动时动作应缓慢、放松，运动量不要过大，否则会引起新的疲劳。

（2）在进行整理活动时，应当保持心情舒畅、精神愉快。

自我养护

锻炼后，锻炼者感觉身体疲劳是一种正常的生理现象，是体育锻炼过程中的正常反应，随着体育锻炼时间的延长，疲劳症状会自然消失。运动性疲劳出现后，锻炼者如果采用一些自我养护措施，可以加速身体机能的恢复，尽快消除疲劳，提高锻炼效果。常见的自我养护方法主要包括运动后休息、合理营养和物理手段等三种。

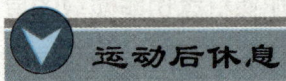

运动后休息

静止性休息　　见图 2—3—9

（1）静止性休息是指锻炼者运动后保持机体相对的静止状态，以促进身体机能的恢复，尽快消除疲劳。

（2）静止性休息的最佳方式之一是睡眠，特别是刚开始从事锻炼者，身体不适应或疲劳症状明显时，更应该保证足够的睡眠，否则，锻炼者虽然积极参加了体育锻炼，但收效甚微，甚至会导致过度疲劳症状的发生。

（3）静止性休息更适合于消除全身运动导致的整体疲劳症状。

图 2—3—9

 积极性休息 见图 2—3—10

（1）积极性休息更适合由于少量肌肉群参与工作而导致的局部疲劳，或运动强度较大而导致的快速疲劳。

（2）积极性休息可以加速血液循环，有利于代谢物排出体外，对促进身体机能的恢复具有明显的效果。

图 2—3—10

合理营养 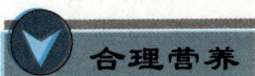 见图 2-3-11

小强度、长时间的运动形式，主要是靠糖原的有氧代谢提供能量。运动后应及时补充淀粉类食物，如面粉、大米等，以促进消耗糖原的合成。随着人民生活水平的提高，在饮食结构中，肉类食品的比重不断增加，而淀粉类食品的比重逐渐减少，这一现象应当引起人们的注意，特别是老年人参加体育锻炼，更应注意对淀粉类食物的补充。

图 2-3-11

强度较大、时间又相对较长的运动形式，主要是靠糖原的无氧代谢提供能量。这样，糖原无氧代谢产物——乳酸便会在体内大量堆积。因此，运动后应多补充蔬菜、水果等碱性食品，以加速乳酸的清除，达到尽快消除疲劳的目的。

物理手段

按摩及牵拉 见图 2-3-12

（1）通过刺激神经末梢、皮肤结缔组织和毛细血管的按摩方法，可以使紧张的肌肉得以放松，从而改善局部组织和全身的血液循环，达到促进身体机能恢复的目的，这种方法可以在锻炼后马上进行。

（2）此外，还可以采取缓慢牵拉肌肉的方法，使收缩的肌肉得到充分的伸展放松。

水疗及电疗

（1）水疗包括芬兰式蒸汽浴、热水浴和桑拿浴等多种形式，主要作用是通过提高体温，促进血液循环，清除代谢物，以达到尽快消除疲劳、恢复体力的目的。

（2）水疗的时间一般以不超过 30 分钟为宜，如果时间过长，会进一步消耗体力，严重时甚至会出现暂时性脑缺血现象。

（3）如果条件允许，还可对疲劳的肌肉进行低频治疗。低频治疗仪的原理是模拟针灸疗法，使用时将电极用不干胶对称地粘贴在运动部位表皮上。这种疗法可以促进局部血液循环，改善组织代谢，缓解肌肉酸痛，消除疲劳。

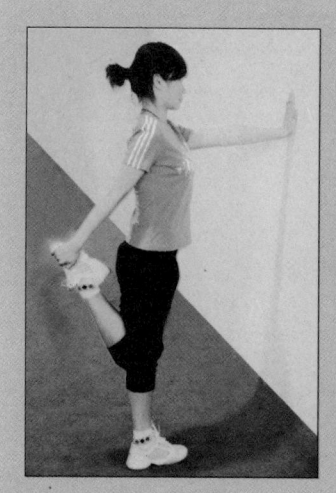

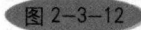
图 2-3-12

第三章 水中康复

水中康复是一种具有医疗性质的体育活动。它的康复对象是病后体弱、术后或伤病之后活动功能不全的患者。通过患者自身特殊的、有针对性的水中身体练习方式，可以达到恢复患者身体机能，特别是活动功能，缩短康复时间的目的。

第一节

简单易行的水中康复方法

　　水中康复练习应在教练的辅助和指导下进行，康复早期应选择简单，容易控制，可原地完成的单个动作，力度要适宜，有些漂浮动作可以借助他人的帮助练习。下面介绍一些简单易行的练习方法，包括颈部康复、肩关节康复、手腕功能康复、腰部康复、腰膝康复和膝腿康复等。

颈部康复

　　颈部康复运动是针对有颈部疾病或术后对颈部功能进行恢复的一种辅助运动。

动作方法 见图3-1-1

　　头浸入水中，憋气，向前、后、侧点头，向左、右转头，以及做头部绕环动作。

技术要点

　　(1)根据自己能力憋气；
　　(2)在自己可操作范围内，循序渐进，逐步提高动作的幅度。

错误纠正

　　做颈部康复运动时易出现憋气太短，头没有完全没入水中，过度运动造成病情严重等问题。因此，应尽自己的最大能力憋气，可由辅助者帮助寻找头部入水的最佳位置，运动强度要适中。

图 3-1-1

肩关节康复

肩关节康复运动是针对有肩部疾病或在术后长期卧床而缺少肩部活动，造成肩关节功能障碍的患者，对其肩部功能进行恢复的一种辅助运动。

动作方法　见图 3-1-2

（1）憋气浸入水中；

（2）左臂上举，屈肘于头后，要求肘关节没入水中，右手抓住左上臂向右拉压，在没有疼痛感的范围内逐渐加大力度；

（3）左右臂交替练习。

技术要点

（1）憋气时间一般控制在 1 个 8 拍；

（2）屈肘后，肘关节向上（在没有疼痛感的范围内），并没入水中。

错误纠正

练习时易出现水中憋气时间短，肘关节未没入水中等问题。因此，应注意憋气时间的掌握，在辅助者的帮助下使肘关节向上，起到康复的作用。

图 3-1-2

手腕功能康复

手腕功能康复是针对有腕部疾病的患者，利用水的特殊功能，在水中进行掌屈和背屈运动，起到活动腕关节和恢复手腕功能的一种康复疗法。

动作方法 见图 3-1-3

直臂或屈臂，做腕关节的掌屈（手掌向掌心所指的方向弯曲）和背屈（手掌向手背方向弯曲）动作。

技术要点

掌屈时略弓腕。

错误纠正

练习时易出现掌屈时五指弯曲等问题。因此，应注意保持手背与五指在一个水平面上。

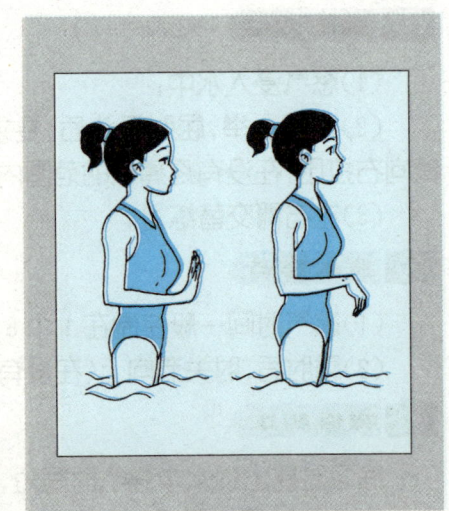

图 3-1-3

腰部康复

腰部康复是针对有腰部疾病的患者,采用一些辅助性动作,如扶池壁塌腰,弓步塌腰等,使腰部功能恢复的一种康复疗法。

动作方法 见图3—1—4

(1)面对池壁略远,两脚开立,两手扶池边,身体前倒,做挺腹,塌腰动作;

(2)或一腿呈弓步,两手上举,抬头做挺腹,塌腰动作;

(3)如此反复,做交换腿练习。

技术要点

(1)做池壁塌腰时,保持手臂、身体呈一条直线,手臂与池壁约呈30度角;

(2)做弓步塌腰时,保持后腿蹬直,向前挺胸,后背与后腿约呈75度角。

错误纠正

做扶池壁塌腰练习时易出现后脚跟抬起,挺胸幅度不够等问题。因此,应注意在患者力所能及的范围内,按照要求完成动作。

图 3—1—4

腰膝康复

腰膝康复是针对一些有腰膝功能障碍的患者而采取的某些特定的水中健身动作,以帮助其逐步恢复腰膝功能的康复疗法。

动作方法 见图3-1-5

(1)患者仰浮水面,低头收腹,屈膝向胸前靠拢,然后还原;

(2)或屈膝向体侧转动,然后还原;

(3)辅助者立于患者体侧帮助其完成动作。

技术要点

(1)辅助者一定要保持患者在水中的平衡;

(2)患者脚背绷直,屈膝的同时尽量使膝关节向胸部靠拢;

(3)患者屈膝转向身体一侧时,异侧手臂伸直,保持身体的平衡。

错误纠正

练习时易出现身体各部位运动不协调,屈膝时脚尖上勾等问题。因此,患者做腰膝康复时,辅助者应认真观察,发现错误并及时提醒。

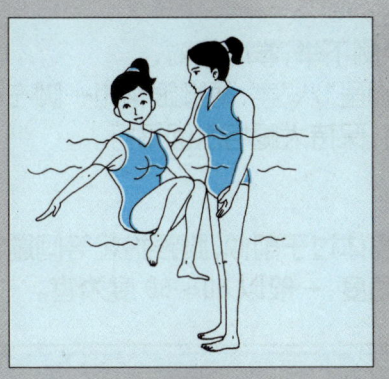

图 3-1-5

膝腿康复是针对患有膝腿疾病的患者,在水中采用一些相应的锻炼膝腿的动作,以使膝腿功能恢复,逐步消除膝腿功能障碍的一种康复疗法。

动作方法 见图 3-1-6

两腿开立做深蹲动作或手扶池边,一腿独立,另一腿做屈膝抬腿动作。

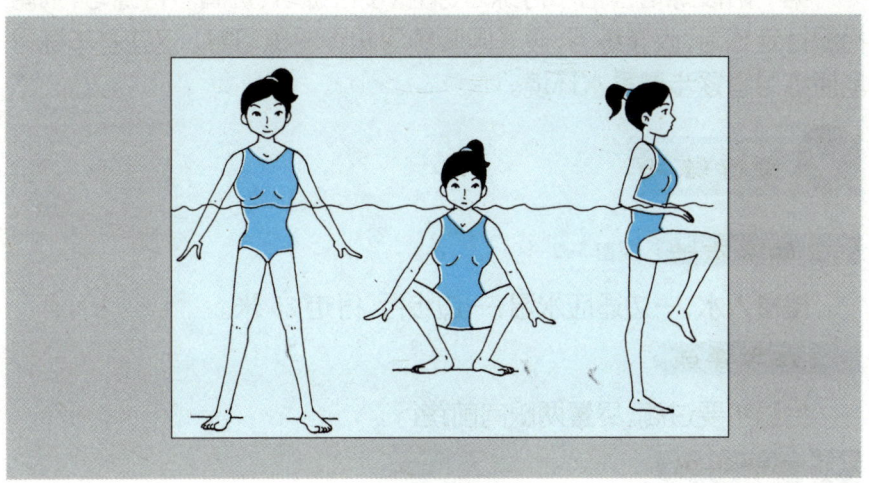

图 3-1-6

技术要点

（1）开立时两手侧下举，掌心相对；

（2）下蹲时，两脚呈"八"字，两脚跟相距一脚左右的距离；

（3）屈膝抬腿时，保持大腿与水面平行。

错误纠正

练习时易出现身体过于前倾，脚跟抬起等问题。因此，应注意下蹲后上身与水平面的角度，一般以 50～60 度为宜。

第二节

腰痛病人水中康复疗法

水中康复疗法是在池边伸展操基础上进一步提高的动作，包括在水中不同方式的站立、行走、踢腿、转体等不同阶段的练习动作。要求练习者认真完成四个阶段的练习，使身体逐步适应水环境。

第一阶段

第一阶段练习包括步行练习、抬腿步行练习、沉肩步行练习、沉肩抬腿行走练习、收腹练习、腹式呼吸练习和踢腿练习等。这些基本练习能使练习者逐步熟悉水环境。

步行练习

动作方法　见图 3-2-1

慢慢入水，一边适应水温，一边步行，行走 25 米。

技术要点

抬腿不要过高，尽量两腿向前蹚行。

错误纠正

练习时易出现抬腿过高等问题。因此，应小步向前蹚行。

图 3-2-1

抬腿步行练习

动作方法 见图 3-2-2

（1）步行时，大腿抬至与上体呈直角处；

（2）两手在水中移动，同时用手心体会水的作用力，行走 25 米。

技术要点

步行时高抬腿。

错误纠正

练习时易出现身体前倾等问题。因此，应保持身体平衡，上体肌肉紧张，保持上体直立。

图 3-2-2

沉肩步行练习

动作方法 见图3-2-3

（1）肩部下沉至水中；

（2）两手臂维持平衡，行走25米。

技术要点

（1）肩部放松下沉至水中；

（2）两臂张开，保持平衡。

错误纠正

练习时易出现步幅太大，身体失衡等问题。因此，应减小步幅，两手臂张开，保持打水姿势，维持上体平衡。

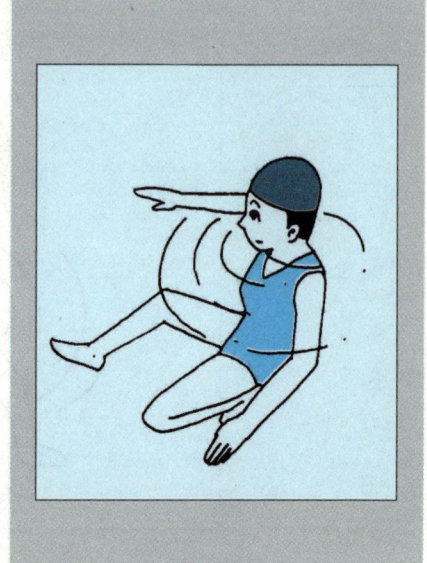

图3-2-3

沉肩抬腿行走练习

动作方法 见图3-2-4

（1）沉肩，并将大腿抬至胸前；

（2）一步一步慢慢步行，行走50米。

技术要点

（1）行走时大腿尽量贴近胸部；

（2）两臂张开，保持平衡，速度要慢。

错误纠正

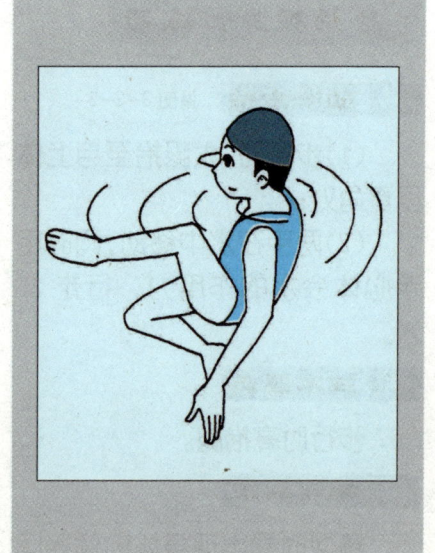

图3-2-4

练习时易出现身体失衡等问题。因此，两臂应张开保持平衡，步幅不要太大。

 **收腹练习**

 动作方法 见图 3-2-5

（1）背靠池壁，屈膝，收腹，大腿抬至胸前；

（2）左腿和右腿各做 4～8 次。

技术要点

（1）借助腹部用力将腿抬至胸前；

（2）抬腿时要注意利用水的浮力作用。

错误纠正

练习时易出现发力部位不明确等问题。因此，应借助腹部和水的浮力作用完成动作。

图 3-2-5

腹式呼吸练习

动作方法 见图 3-2-6

背靠池壁进行腹式呼吸，呼气时背部与腰部全部贴在池壁上。

技术要点

（1）呼吸时胸腔不要打开，通过腹腔吸气；

（2）吸气时感受腹腔向内和向上提收，充分吸气后再深呼出。

错误纠正

练习时易出现胸腔打开等问题。因此，应把意念放在呼吸上，体会吸气时腹腔鼓起，呼气时腹腔回收的感觉。

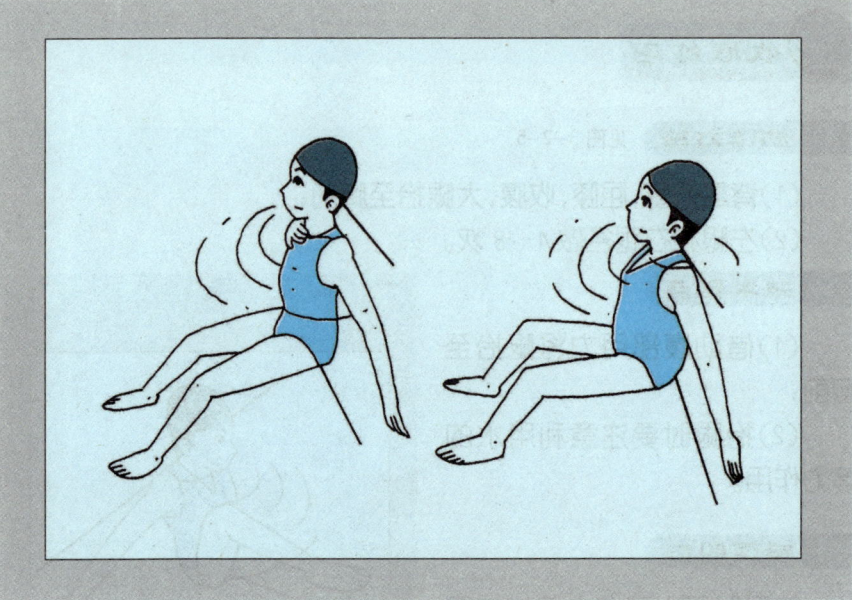

图 3-2-6

 踢腿练习

❋ 动作方法 见图 3-2-7

（1）侧立于池边，单手扶住池壁；

（2）外侧腿屈膝并向前抬腿，当大腿抬至与上身呈直角时，借助转腰的力量向外侧旋转 90 度；

（3）左腿和右腿各练习 8 次。

❋ 技术要点

上体立直，抬腿摆腿动作协调。

❋ 错误纠正

练习时易出现外旋时发力部位不明确等问题。因此，应体会转腰的力量，用腰带动大腿，大腿带动小腿完成动作。

图 3-2-7

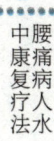

第二阶段

第二阶段练习包括屈膝练习、伸足踢腿练习、屈足踢腿练习、展臂练习、摆动腿练习、团身浮体练习、俯卧站立练习、仰卧站立练习和分腿练习等。此阶段开始逐步针对患者所需,缓解和消除患者的功能障碍。

屈膝练习

动作方法 见图 3-2-8

背靠池壁,一腿抬起,两手抱膝贴近胸前,停留 8～10 秒,左腿和右腿各做 1 次。

技术要点

支撑腿保持身体平衡。

图 3-2-8

错误纠正

练习时易出现抱膝后上体下滑等问题。因此,应支撑腿蹬地,保持身体平衡。

伸足踢腿练习

动作方法 见图3-2-9

背靠池壁站立,一腿屈膝抬起,至大腿与上体呈直角时,小腿发力前踢,脚尖前伸,左腿和右腿各做1次。

技术要点

屈膝、抬腿、踢腿动作要连贯协调,脚尖绷紧。

错误纠正

练习时易出现小腿前踢时发力部位不明确,动作不连贯等问题。因此,应注意小腿的发力动作,可先做分解动作,再逐渐增强动作的连贯性。

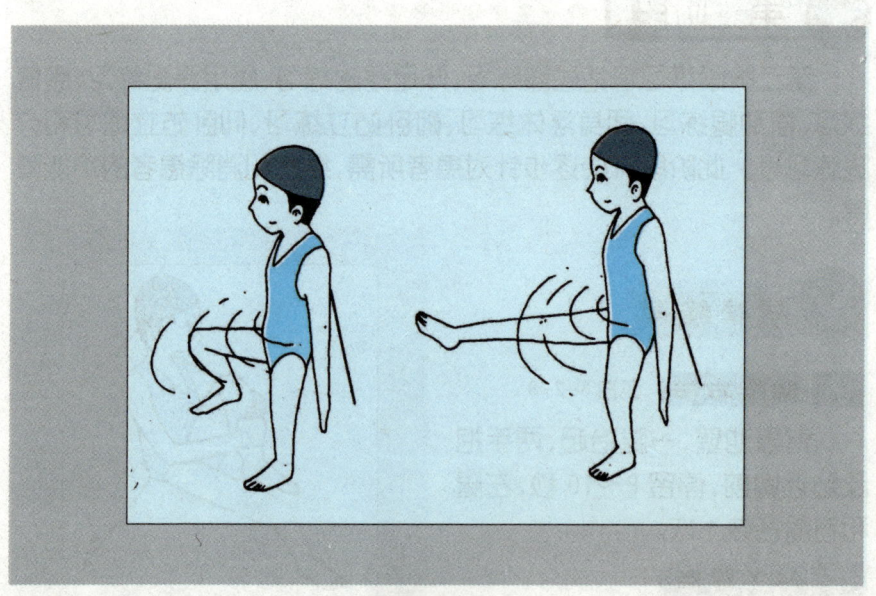

图3-2-9

屈足踢腿练习

动作方法 见图 3-2-10

　　背靠池壁站立,一条腿伸直抬起,至大腿与上体呈直角时脚尖勾起,小腿前踢,左腿和右腿各做 1 次。

技术要点

　　小腿前踢时勾脚尖,连贯完成。

错误纠正

　　练习时易出现未勾脚尖等问题。因此,应有意识地把脚尖勾起。

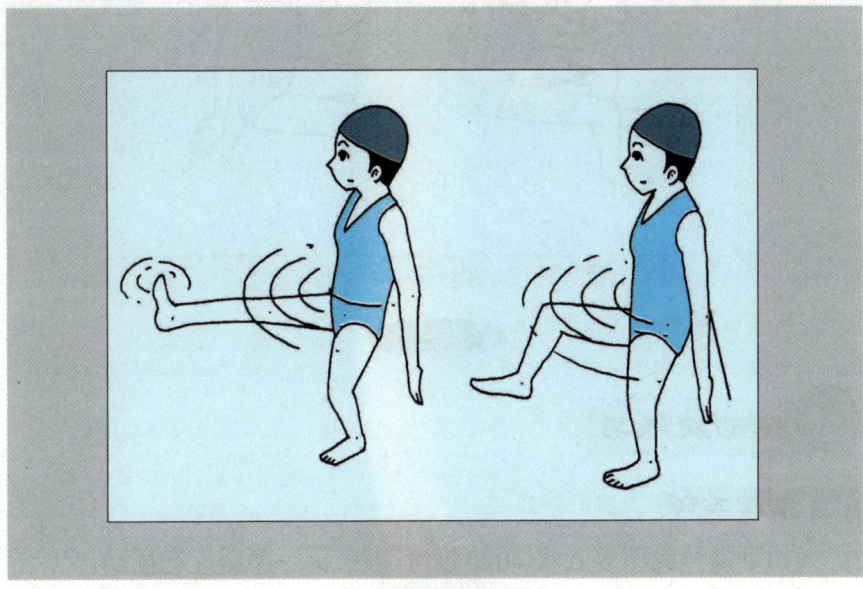

图 3-2-10

展臂练习

动作方法 见图 3-2-11

　　背靠池壁,膝盖弯曲,大腿和小腿之间约呈 110 度角,屈臂,两肘靠住肋部,手心相对,然后两前臂外展,做 4～6 次。

❄ **技术要点**

后背直立,两脚蹬地保持身体平衡。

❄ **错误纠正**

练习时易出现膝关节酸痛等问题。因此,应注意动作持续的时间,在可忍受的范围内进行练习。

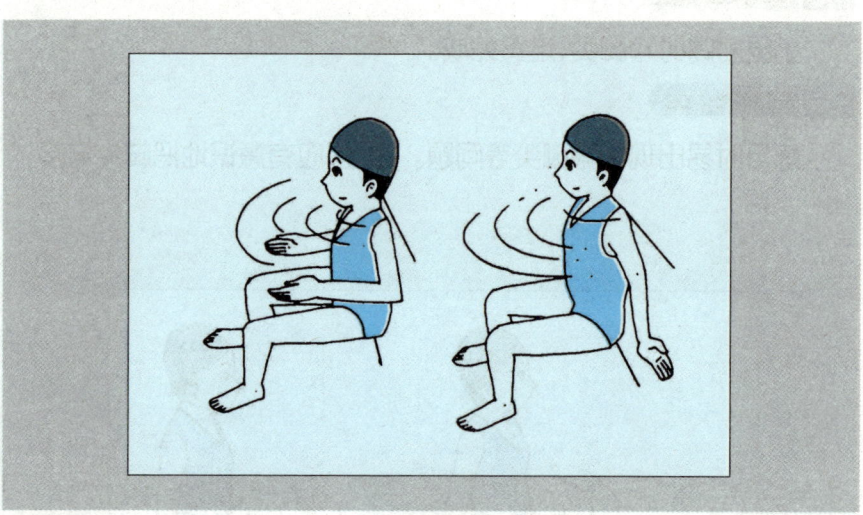

图 3—2—11

 摆动腿练习

❄ **动作方法** 见图 3—2—12

(1)下蹲至肩部浸入水中,单脚撑池底,另一条腿左右摆动;
(2)练习 3~4 次,左腿和右腿交替进行。

❄ **技术要点**

(1)两臂张开,保持平衡;
(2)摆腿时身体略转动一下,有助于动作的顺利完成。

❄ **错误纠正**

练习时易出现身体失衡等问题。因此,应两手臂张开打水,保持身体平衡。

图 3-2-12

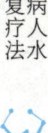

 团身浮体练习

动作方法 见图 3-2-13

（1）两手抱膝，屈体团身浮起，做3次；

（2）鼻子易进水者可略抬下颌。

技术要点

两手抱膝，身体放松，借助水的浮力浮起。

错误纠正

练习时易出现鼻子进水，身体略浮起等问题。因此，应略抬下颌，憋气。

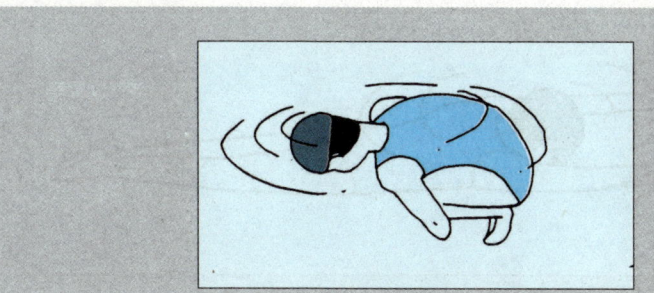

图 3-2-13

▽ 俯卧站立练习

❋ 动作方法　见图 3-2-14

（1）蹬池底俯卧滑行，上体放松，两腿伸直；

（2）慢慢地屈膝、收腹、站立；

（3）然后，继续蹬池底俯卧滑行，连续行进 50 米。

❋ 技术要点

（1）滑行时两臂两腿伸直，尽量使身体呈一条直线；

（2）站立时收腹，腿尽量往身体前方伸。

❋ 错误纠正

站立时易出现身体失去平衡等问题。因此，应注意收腹，将腿往身体前方伸。

水中康复

图 3-2-14

仰卧站立练习

✿ **动作方法** 见图3-2-15

（1）蹬池底仰卧滑行，上体放松，两腿伸直；

（2）慢慢地屈膝、收腹、站立；

（3）然后，继续蹬池底仰卧滑行，连续行进50米。

✿ **技术要点**

（1）滑行时两臂两腿伸直，尽量使身体呈一条直线；

（2）站立时收腹，腿尽量往身体后方伸。

✿ **错误纠正**

站立时易出现身体失去平衡等问题。因此，应注意收腹，将腿往身体前方伸，两手臂打水。

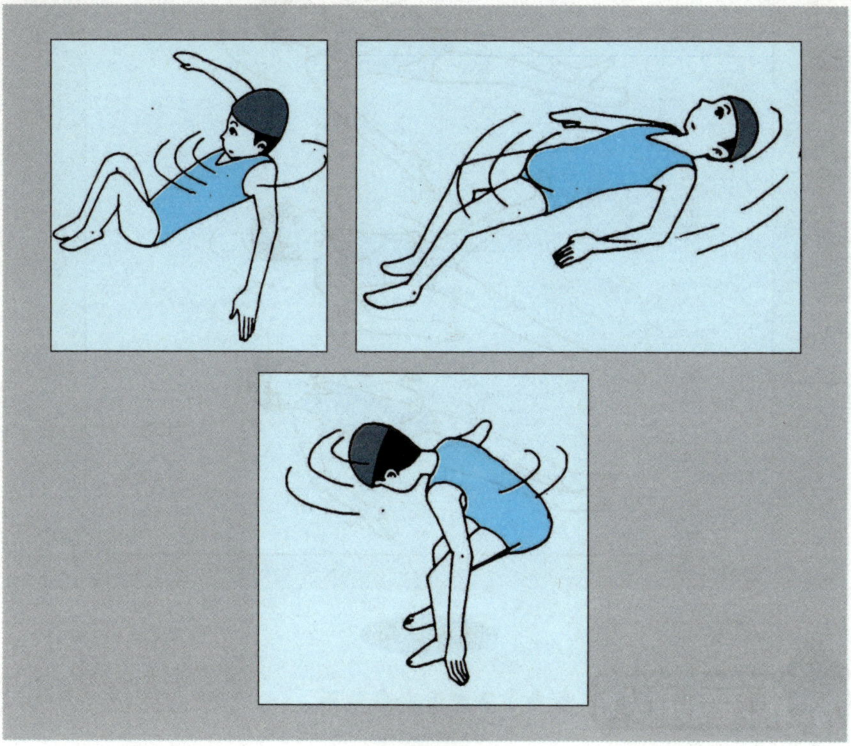

图3-2-15

分腿练习

动作方法 见图3-2-16

（1）蹬地仰卧于水面，上体放松；

（2）两脚慢慢向外侧分开，再收回，连续练习。

技术要点

两手臂压水，使身体不下沉，上体放松。

错误纠正

练习时易出现身体下沉等问题。因此，应两手臂打水，保持身体不下沉。

水中康复

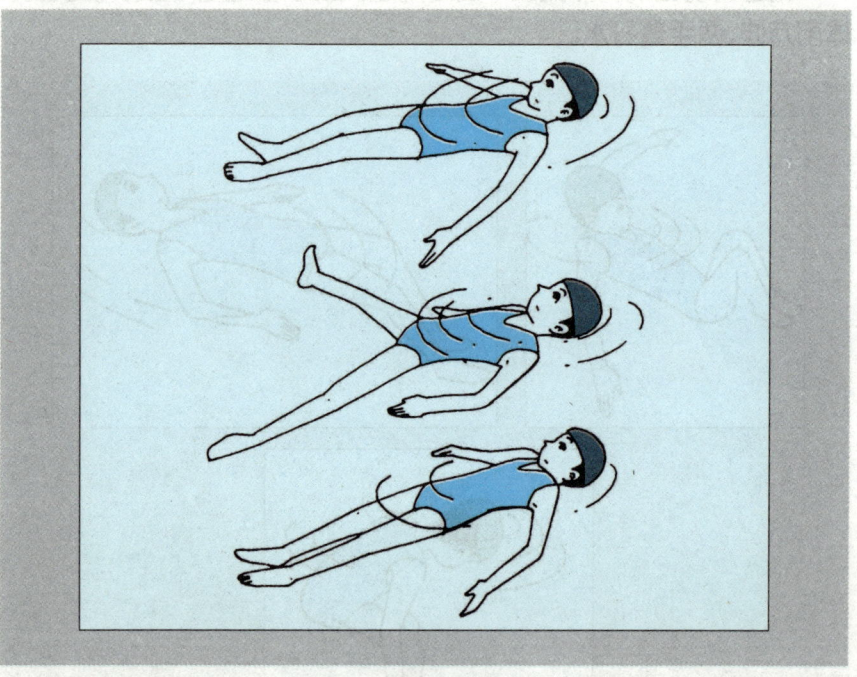

图3-2-16

第三阶段练习包括侧踢腿练习、腿部屈膝后展练习、蹬腿练习、仰卧蹬腿练习、自行车蹬腿练习、团身练习、转体自由泳练习和交叉腿转

体练习等。此阶段练习加大了动作难度,能有效地起到缓解和恢复身体功能障碍的作用。

 侧踢腿练习

动作方法 见图3-2-17

(1)侧立于池边,单手扶池壁,外侧腿伸直侧踢腿;
(2)每次踢起时保持6~8秒,左腿和右腿交替进行。

技术要点

向侧踢腿时髋要正,身体直立。

错误纠正

练习时易出现身体失去平衡等问题。因此,应将支撑腿处于紧张状态,保持身体平衡。

图 3-2-17

 腿部屈膝后展练习

动作方法 见图3-2-18

头、肩与背部靠住池壁站立,单腿屈膝上抬,两手抱脚,将大腿与膝部往身后伸展,左腿和右腿各练习3次。

技术要点

向后伸展时髋要正,身体立直。

✿ 错误纠正

练习时易出现膝关节酸痛，身体失衡等问题。因此，应支撑腿保持紧张状态，维持身体平衡，根据身体能力，灵活掌握动作时间和组数。

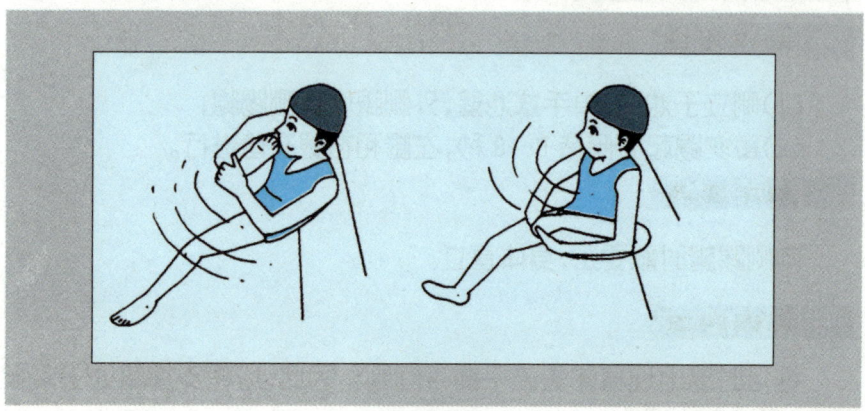

图 3-2-18

▼ 蹬腿练习

✿ 动作方法 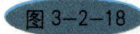 见图 3-2-19

两手拉池边，两脚蹬池边，屈膝收腹，膝盖逐渐伸直蹬腿，同时深呼气，练习 5～6 次。

✿ 技术要点

蹬腿时臀部尽量向后撅。

✿ 错误纠正

练习时易出现腿弯曲等问题。因此，应先进行抓扶梯蹬腿，将腿蹬直练习，随着腰部柔韧性的提高，再开始抓池壁练习。

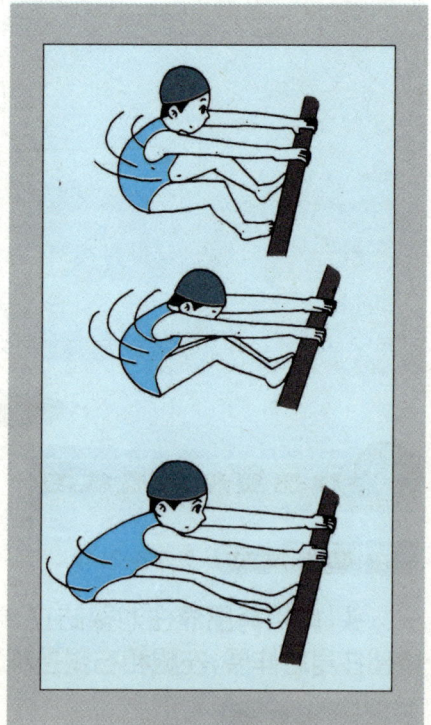

图 3-2-19

仰卧蹬腿练习

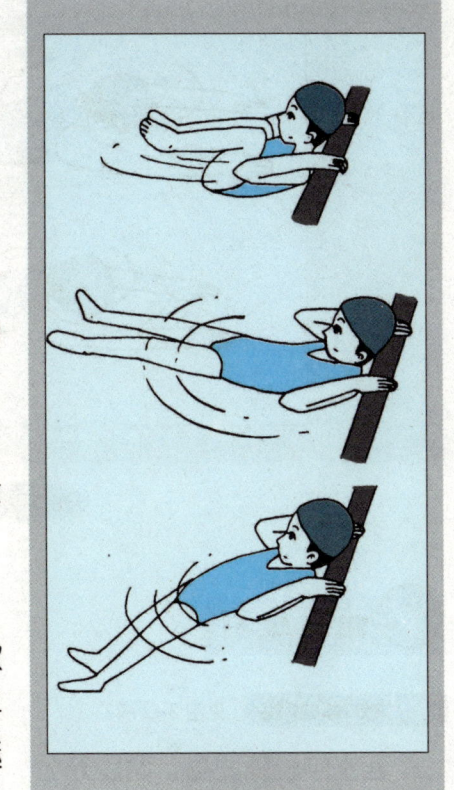

动作方法 见图3-2-20

（1）头、肩与背部靠池壁，两手拉池边，屈膝，收腹，团身；

（2）膝盖逐渐伸直蹬腿，使下肢慢慢地下沉，直至身体倾斜、脚底触及池底为止。

技术要点

屈膝，收腹，团身，蹬腿动作要快，完成动作后身体放松。

错误纠正

练习时易出现抓池壁手酸软等问题。因此，应在身下垫上浮板，也可以根据实际情况减少运动的组数。

图3-2-20

 自行车蹬腿练习

动作方法 见图3-2-21

（1）身体俯卧于水面，两脚像踩自行车那样蹬腿；
（2）蹬腿动作不要过大，应慢慢进行，练习25米。

技术要点

憋气，蹬腿时大腿带动小腿。

错误纠正

练习时易出现身体下沉等问题。因此，应手扶池壁进行练习。

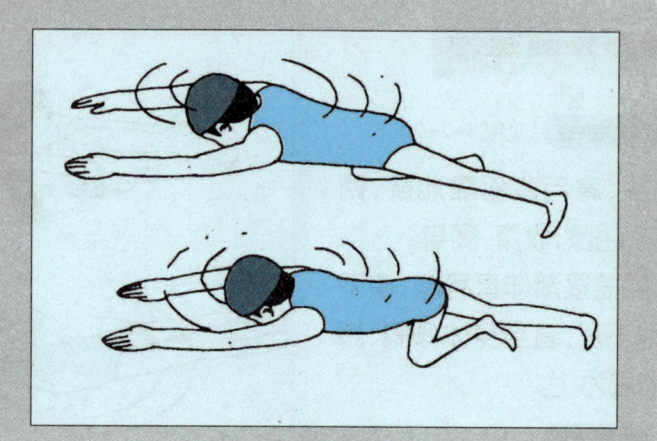

图 3-2-21

团身练习

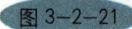 **动作方法** 见图 3-2-22

在水中屈膝团身,两膝充分外展两手抓住两踝,使头部触脚。

技术要点

充分展髋。

错误纠正

练习时易出现腰部疼痛等问题。因此,应注意放松,动作要缓慢。

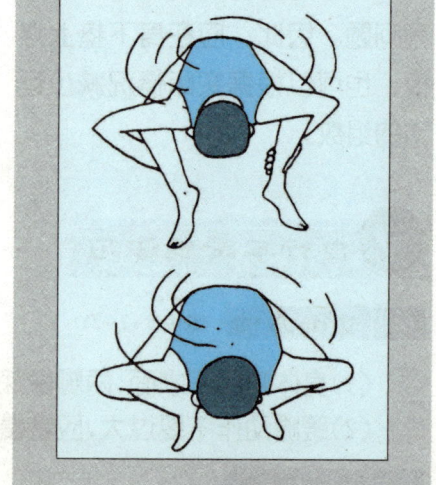

图 3-2-22

 转体自由泳练习

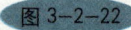 **动作方法** 见图 3-2-23

(1)蹬地仰卧于水面,上身放松,两腿分开;

(2)单臂带动身体转动呈俯卧,自由泳前进;

（3）转体仰卧于水面；

（4）然后，做反方向转体自由泳前进。

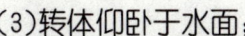 **技术要点**

借助水的浮力和手臂划水作用完成动作。

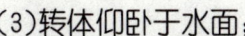 **错误纠正**

练习时易出现转体过猛，呛水等问题。因此，应注意动作要缓慢。

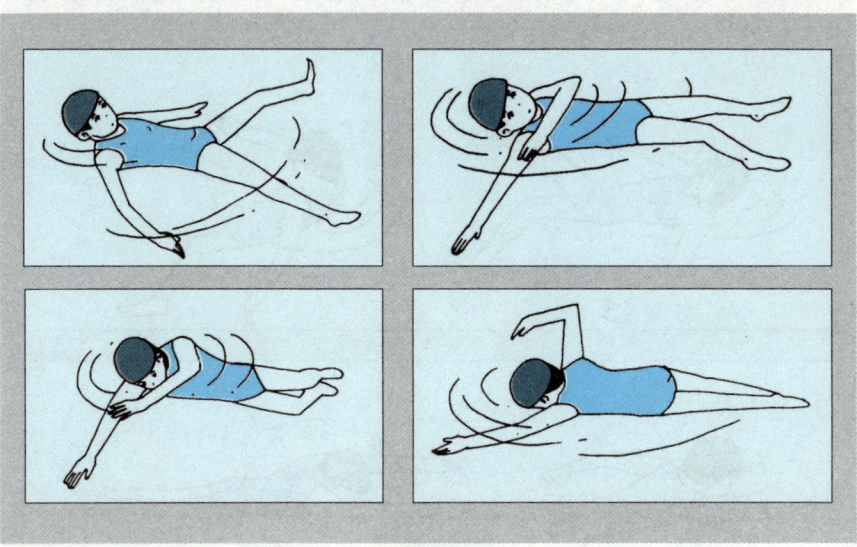

图 3-2-23

 交叉腿转体练习

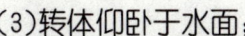 **动作方法** 见图 3-2-24

（1）仰卧于水面，上体放松，两腿分开；

（2）一条腿向内与另一条腿充分交叉后，身体向位于上面的腿一方侧转，至俯卧水面，然后屈膝收腿站立；

（3）左腿和右腿交替练习 50～100 米。

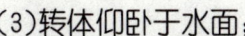 **技术要点**

身体侧转时注意腰部用力。

 错误纠正

练习时易出现转体过猛，呛水问题。因此，应注意动作要缓慢。

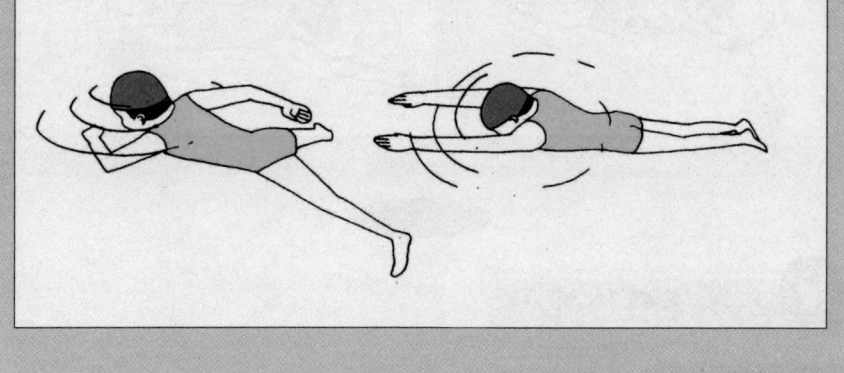

图 3-2-24

 **第四阶段**

　　第四阶段练习包括背部伸展练习、仰卧屈体练习、自由泳腿－蛙泳手练习和蝶泳腿－蛙泳手练习等。此阶段练习主要是针对有游泳基础的患者进行的提高练习，为了更有效地缓解其症状。

 **背部伸展练习**

动作方法 见图 3-2-25

两手前伸，蹬池壁滑行后背部肌肉用力伸展，保持 10 秒，任凭身体下沉，然后收腹站立，练习 5 次。

技术要点

两手和两腿伸直，固腰定髋。

错误纠正

练习时易出现身体伸展不够等问题。因此，应尽力使背部肌肉伸展，背部肌肉处于紧张状态。

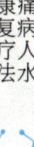

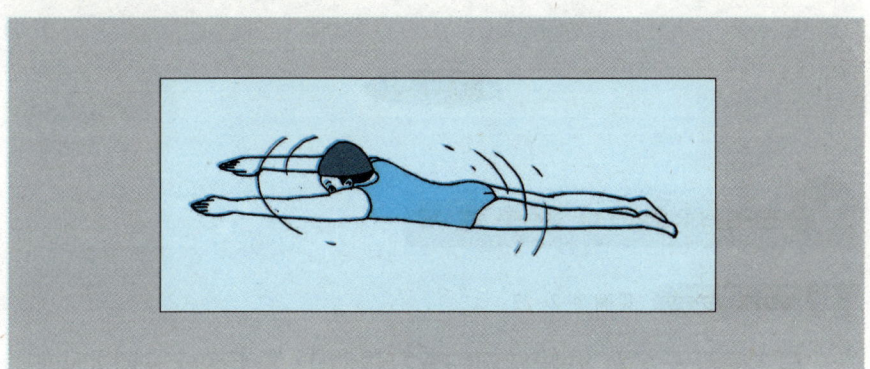

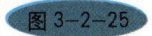

图 3-2-25

 **仰卧屈体练习**

动作方法 见图 3-2-26

身体仰卧于水面，两臂上举，收腹屈体 90 度，停顿 10 秒，练习 5～10 次。

技术要点

掌握腹部这个关键发力点。

错误纠正

练习时易出现转体过猛，呛水等问题。因此，应注意动作要缓慢。

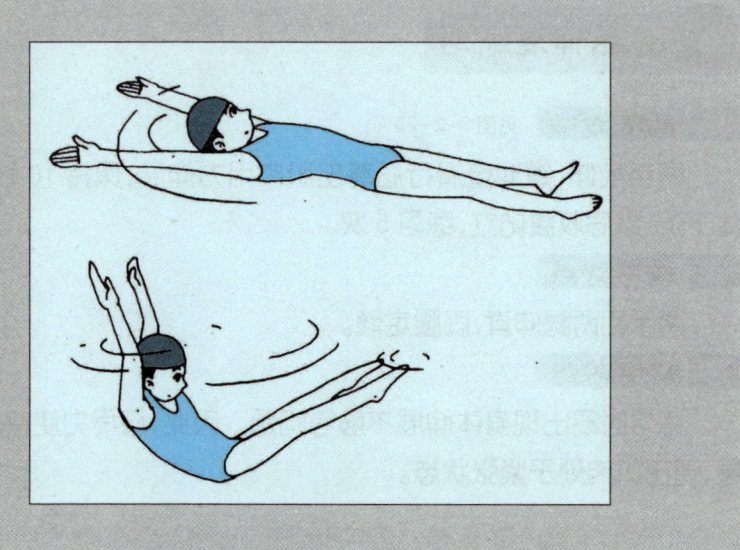

图3-2-26

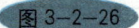

 自由泳腿-蛙泳手练习

🌸 **动作方法** 见图3-2-27

身体俯卧于水面，两腿做自由泳打腿动作，两手做蛙泳划水动作。

🌸 **技术要点**

（1）两腿自然并拢，脚略内旋，踝关节放松，以髋关节为轴，由大腿带动小腿和脚掌，两腿交替做鞭打动作，两脚尖上下最大幅度为30～40厘米，膝关节最大屈度为160度左右；

（2）身体俯卧在水中，两臂开始伸直，向两侧分开，向后屈臂加速划水，至两肩侧面的延长线前结束，接着向内降肘，使两手在胸前汇合，再向前伸出。

🌸 **错误纠正**

练习时易出现手脚配合不协调等问题。因此，应先做分解动作练习，然后再进行手脚配合。

图 3-2-27

 蝶泳腿-蛙泳手练习

动作方法 见图 3-2-28

　　身体俯卧于水面,腰部不动,两腿做蝶泳打腿动作,两手做蛙泳划水动作,在 2 次打腿后再划水。

技术要点

　　(1)打腿动作从大腿开始发力,鞭状打水;

　　(2)身体俯卧在水中,两臂开始伸直,向两侧分开,向后屈臂加速划水,至两肩侧面的延长线前结束,接着向内降肘,使两手在胸前汇合,再向前伸出。

错误纠正

　　练习时易出现手脚配合不协调等问题。因此,应先做分解动作练习,然后再进行手脚配合。

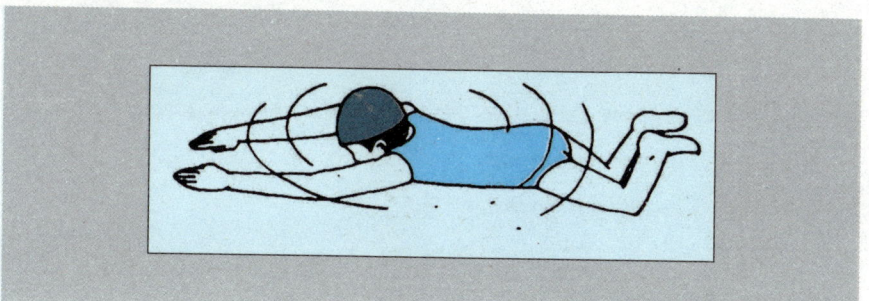

图 3-2-28

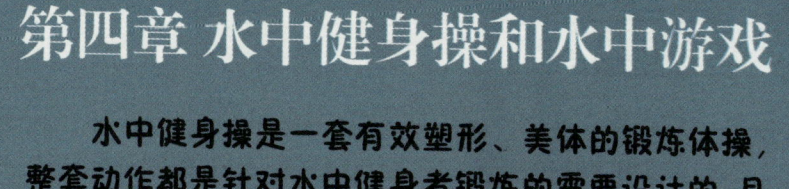

第四章 水中健身操和水中游戏

　　水中健身操是一套有效塑形、美体的锻炼体操，整套动作都是针对水中健身者锻炼的需要设计的，且动作难度低，易于掌握。水中健身操包括水中体操——棒操、水中踏板操和韵律泳等。水中游戏则是在水中进行的一些游戏项目，可以单人单独参加，也可以多人协作完成，能够有效地增强训练的趣味性。

第一节

水中体操——棒操

　　水中棒操是指练习者在水中用两只手同时操纵两个器械的项目。由于水中棒操动作具有多样性和复杂性,因此,要求练习者具备高度集中的注意力和快速灵敏的反应能力。水中棒操包括准备活动、主体动作和整理活动等。

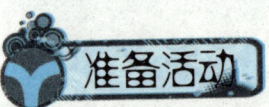 准备活动

　　准备活动是指在做每一项运动前必须要进行的热身活动,可以消除运动器官和内脏器官的惰性,提高动作质量,进而提高健身效果。准备活动包括步行、跑步、兔子跳、水中呼吸、水中跳跃、划手步行、上体转动、单腿侧向踢腿和单腿前后踢腿等。

 步行

动作方法 见图4-1-1

　　(1)将平衡板放入水面,两手与肩同宽扶住平衡板;

　　(2)上体挺直,大幅度(髋关节大幅转动)步行;

　　(3)行走时,每一步脚底都要贴住池底;

　　(4)可以做侧向走、倒退走和伸展走等练习。

技术要点

　　步伐均匀,幅度适中。

图4-1-1

练习时易出现上体前倾、前脚掌着池底等问题。因此，步行速度不应太快，应在保证动作质量的前提下，提高步行速度和动作幅度。

跑步

动作方法
见图4-1-2

（1）头部自然摆放，目视前方，腰背部自然伸直；

（2）两臂屈肘，以肩关节为轴前后大幅度摆动，两臂与身体有轻微摩擦感，手指、手腕与两臂保持放松；

（3）大腿带动小腿抬起，落地时脚跟先着地，然后，由脚跟滚动到脚掌着地。

技术要点

（1）肩部肌肉略紧张，维持躯干姿势；
（2）抬腿不宜过高，注意放松；
（3）落地时膝关节保持略屈，不要挺直。

图4-1-2

错误纠正

练习时易出现脚尖先着地等问题。因此，应认真按照要求完成动作，体会动作要领。

兔子跳

动作方法
见图4-1-3

（1）在水中站立，两手扶住平衡板，身体下沉，至肩部与水面平行时向前上方跳；

（2）反复做此动作，前进100～200米；

（3）跳跃力量弱的人可以在腿部使用夹腿板，这样能够使跳跃变得容易。

❀ 技术要点

上体立直，保持匀速。

❀ 错误纠正

练习时容易出现身体下沉幅度不够，动作连贯性不强等问题。因此，应在较深的水域进行，水深一般到本人的腋窝处为宜，运动时要循序渐进。

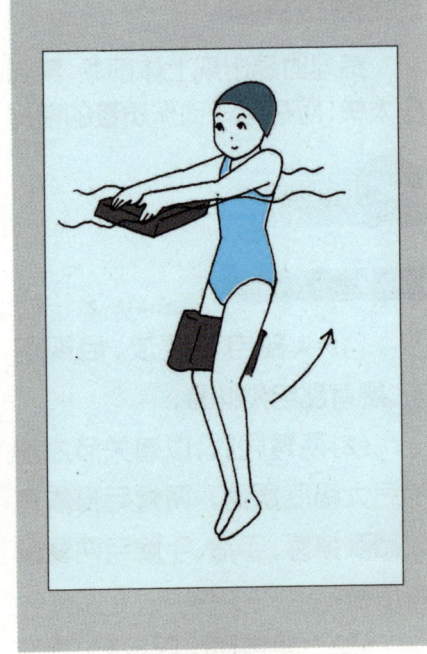

图4-1-3

▼ 水中呼吸

第一种练习方法

❀ 动作方法 见图4-1-4

（1）站在池中靠近池边处，两手伸直扶住池边；

（2）两腿大幅度横向分开站立，身体下沉，肩部与水面平行时吸气；

（3）将头部沉入水中，慢慢地呼气，然后，身体上浮，头部浮出水面后吸气。

❀ 技术要点

吐气要慢，吸气要快。

图4-1-4

练习时易出现头未完全浸入水中，未等到身体上浮时就站立起身等问题。因此，应尽量低头，在水中把吸入的气完全吐出后，头部再浮出水面。

第二种练习方法

动作方法 见图 4-1-5

（1）两臂套上平衡圈，两脚横向大幅度分腿站立，两膝弯曲，身体下沉至肩部与水面平行，肩部放松；

（2）腰部垂直下沉，头部没入水中，肩部放松，手臂利用平衡圈的浮力将肘部提高，形成"V"字形，此时开始吐气，然后将头部浮出水面进行吸气；

（3）在水中吐气时一定要慢，水中吐气与水面吸气的时间比例为 1：3，每次呼吸时间为 5 秒钟左右，每分钟呼吸 12～15 次。

技术要点

（1）吐气要慢，吸气要快；

（2）注意水中吐气和水面吸气的时间比例。

错误纠正

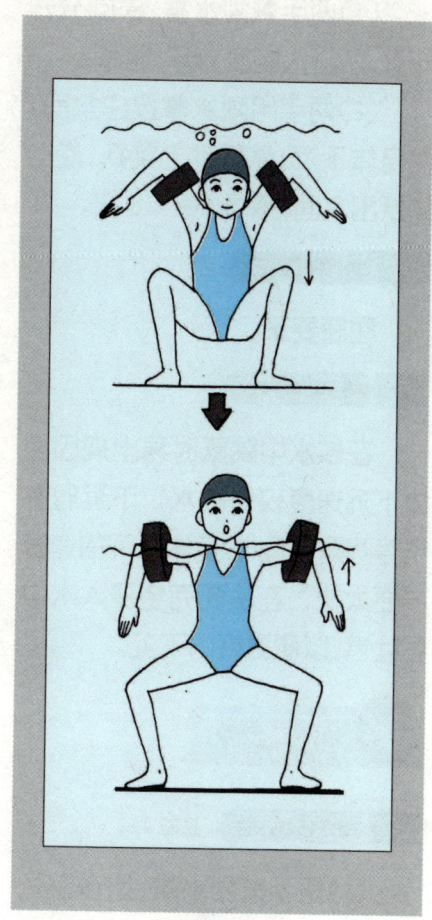

图 4-1-5

练习时易出现肩部紧张，起身时两腿直立等问题。因此，应尽量使肩部放松，起身时减缓动作幅度，达到肩部与水平面平行，两膝弯曲的准备姿势时停止，进行下一次的呼吸动作。

水中棒体操操

水中跳跃

动作方法 见图4-1-6

（1）两手戴划水掌，横向分开伸直，两腿大幅度分开，屈膝；

（2）两手用划水掌按住水面，使身体下沉，然后向上跳跃，使上体跃出水面，练习10～15次。

技术要点

屈膝要深。

错误纠正

在做水中跳跃时易出现因身体下沉速度较快呛水，下沉时憋气等问题。因此，身体下沉的速度不要太快，在头部完全浸入水中后吐气，以便更好的下沉。

图4-1-6

划手步行

动作方法 见图4-1-7

（1）两手戴划水掌，边做游泳划水动作边行走；

（2）右手前伸时左脚前伸，左手前伸时右脚前伸，走100～200米；

技术要点

（1）肘部不能弯曲，手臂在体侧前后摆动时，手心必须朝内；

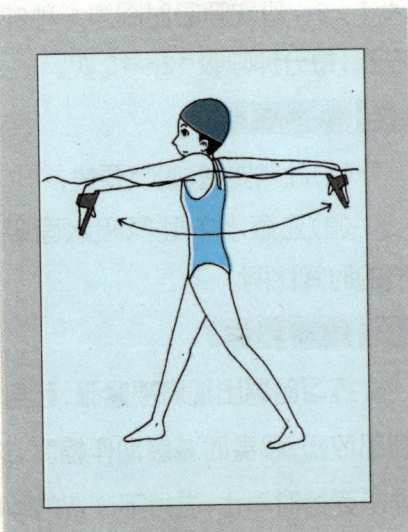

图4-1-7

（2）步幅要大，呼吸要深，手脚配合，注意腰部用力。

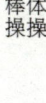

❋ 错误纠正

练习时易出现肘部弯曲，手脚配合不协调等问题。因此，应认真体会动作要领，循序渐进提高手脚配合的协调性。

▼ 上体转动

❋ 动作方法　见图4-1-8

（1）两手在水面与肩部平行的水中，两脚大幅度分开站立，两臂横向伸直；

（2）肩部放松，腹部用力，上体带动手臂左右转动90度，练习10～20次。

❋ 技术要点

两臂侧平举，肩部放松，腹部用力转髋转腰。

❋ 错误纠正

转体时易出现肩部用力等问题。因此，应把注意力放在腹部，通过腹部的力量来转髋、转腰。

图4-1-8

▼ 单腿侧向踢腿

❋ 动作方法　见图4-1-9

（1）腰背部伸直，身体侧立于池壁；

（2）一只手扶住池边，靠池壁侧的腿站稳控制身体平衡，靠外侧的腿戴平衡圈大幅度向侧踢腿；

（3）左右两腿交替进行，练习10～15次。

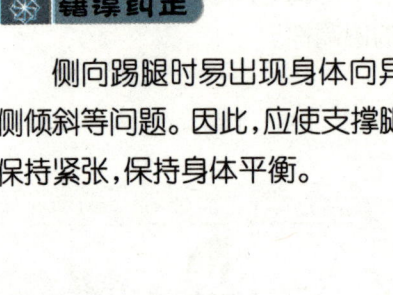

技术要点

支撑腿立直,保持平衡。

错误纠正

侧向踢腿时易出现身体向异侧倾斜等问题。因此,应使支撑腿保持紧张,保持身体平衡。

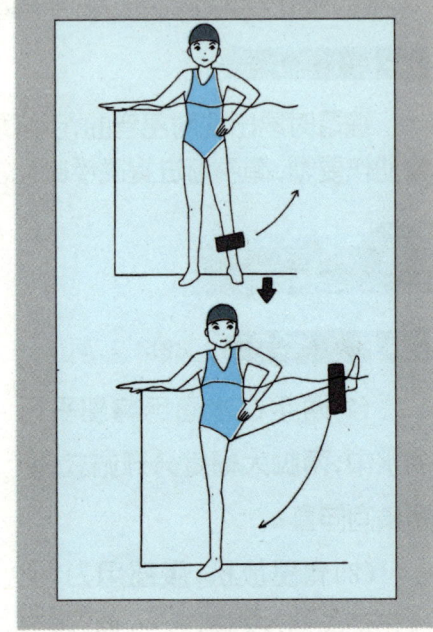

图 4-1-9

▼ 单腿前后踢腿

动作方法 见图 4-1-10

(1)腰背部伸直,身体侧立于池壁;

(2)一只手扶住池边,靠池壁侧的腿站稳控制身体平衡,靠外侧的腿戴平衡圈大幅度向前、向后踢腿;

(3)左右两腿交替进行,练习10~15次。

技术要点

大腿带动小腿尽量后摆。

错误纠正

练习时易出现由于摆动的惯性致使身体失衡等问题。因此,应使支撑腿处于紧张状态,保持身体平衡。

图 4-1-10

主体动作

水中棒操是指练习者在水中用两只手同时操纵两个器械的项目。水中棒操的各种练习可以提高练习者的节奏感、灵活性和协调性,增强其两臂和肩带肌肉力量。主体动作包括摆动、绕环、"8"字绕和五花等动作。

摆动

动作方法 见图 4—1—11

借助惯性的力量,在手臂的延长线上,用两手或单手持棒,做前后、左右、异向和交叉等钟摆式的摆动。

图 4—1—11

技术要点

(1)以肩关节为轴,手臂自然伸直,使器械成为手臂的延长线,向远伸去;

(2)棒与臂应呈一条直线,不应有角度,动作要协调,部位要准确;

(3)将前后、左右、异向和交叉摆动结合在一起进行练习。

错误纠正

练习时易出现持棒过紧,器械没有作为手臂的延长线向远伸出等问题。因此,应使手臂尽量向远伸,体会手棒一体的感觉。

绕环

体侧向前（后）大绕环

动作方法 见图 4-1-12

（1）在水中站立，两臂下垂，用三指握棒法持棒（用大拇指和食指握住棒，用中指托住棒的最下端）；

（2）以肩关节为轴，沿矢状面两臂同时向前绕环。

技术要点

（1）棒绕至身体后方时，保持手臂伸直；

（2）肩部最大幅度张开，随棒的惯性摆至起始动作。

错误纠正

练习时易出现持棒过紧，大绕环不圆滑、不连贯，没有以肩部为轴做绕环动作等问题。因此，应先单手慢动作做大绕环，体会以肩部为轴的动作感觉，绕环时手臂尽量向远处伸，由慢到快，由单手到双手。

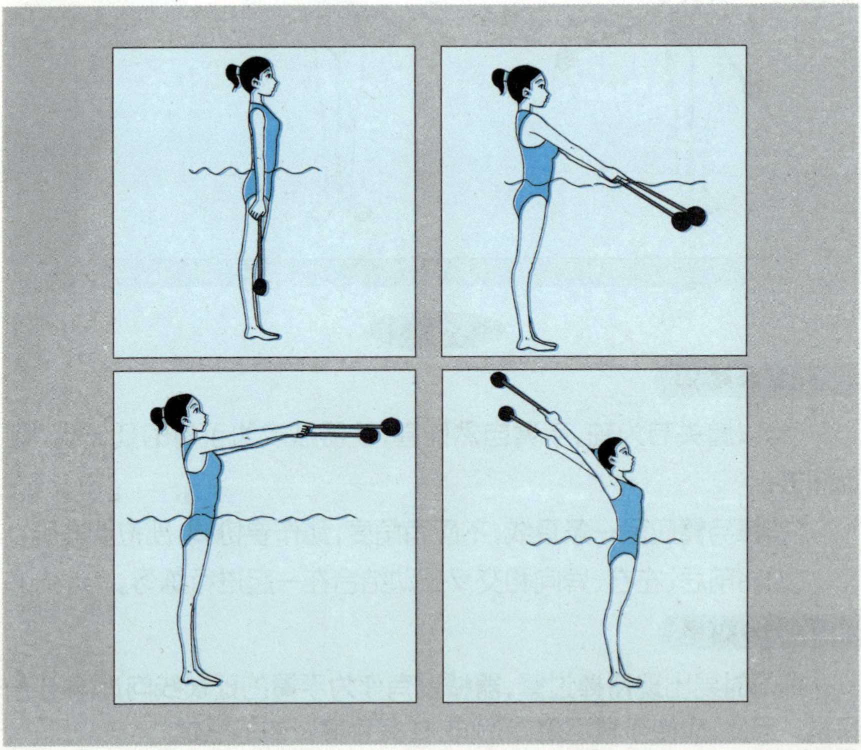

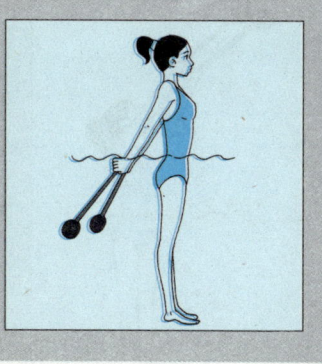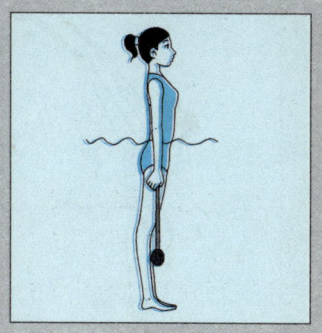

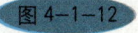

图 4—1—12

体前向右(左)大绕环

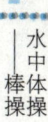

动作方法 见图 4—1—13

（1）在水中站立，两臂左侧举；

（2）以肩关节为轴，沿额状面两臂同时向右绕环。

技术要点

当棒在身体的左右两侧摆动时，保持两手臂伸直，以棒为手臂的延长线。

错误纠正

练习时易出现持棒过紧，大绕环不圆滑、不连贯，没有以肩关节为轴做绕环动作等问题。因此，应先单手慢动作做大绕环，体会以肩关节为轴，绕环时手臂尽量向远处伸，由慢到快，由单手到两手。

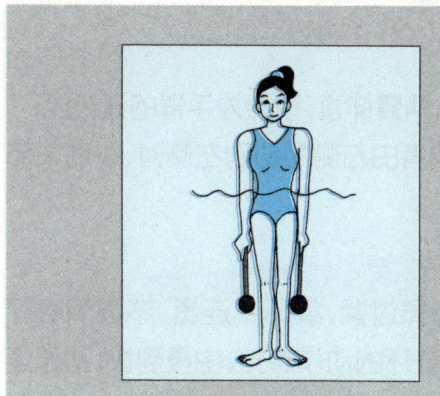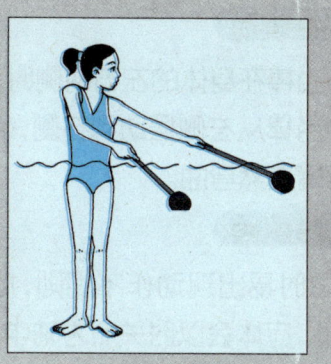

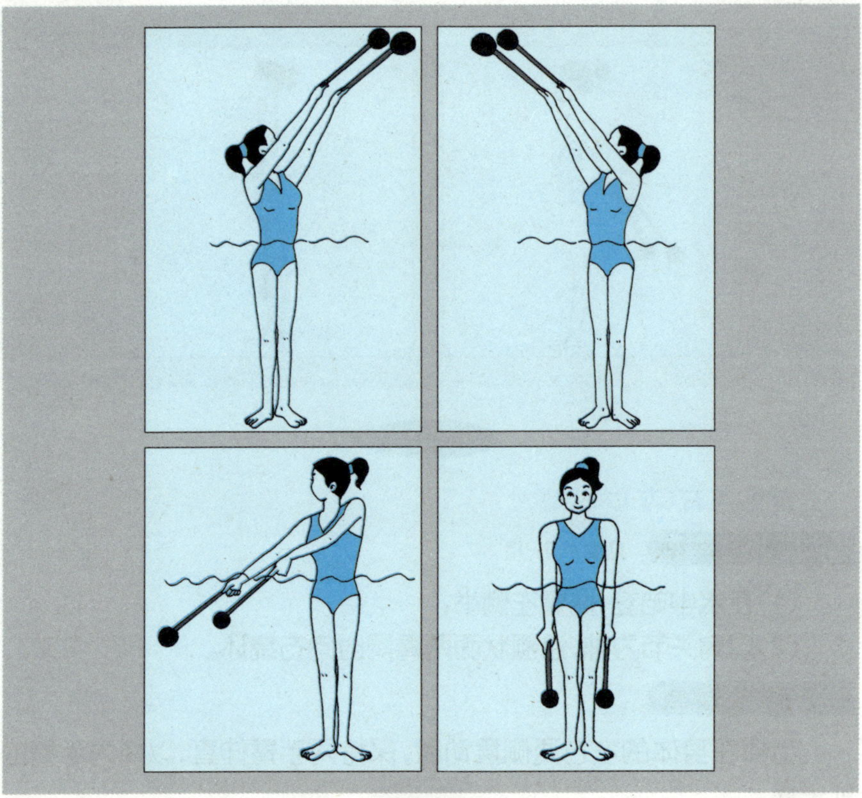

图 4-1-13

中绕环

❀ **动作方法** 见图 4-1-14

在水中站立,以肘关节为轴,手臂自然弯曲做前后、左右的绕环动作,方法与大绕环相同。

❀ **技术要点**

(1)当棒在身体的左右两侧时,两臂伸直,以棒为手臂的延长线;

(2)当棒从左侧摆动到右侧,或者由右侧摆动到左侧时,以肘关节为轴,手臂自然弯曲。

❀ **错误纠正**

练习时易出现动作不规则,持棒过紧,绕环不连贯、不圆滑等问题。因此,应体会以肘关节为轴中绕环的动作感觉,由慢到快,动作连贯,捏棒松弛,利用屈肘和棒下落的惯性,固定肘关节。

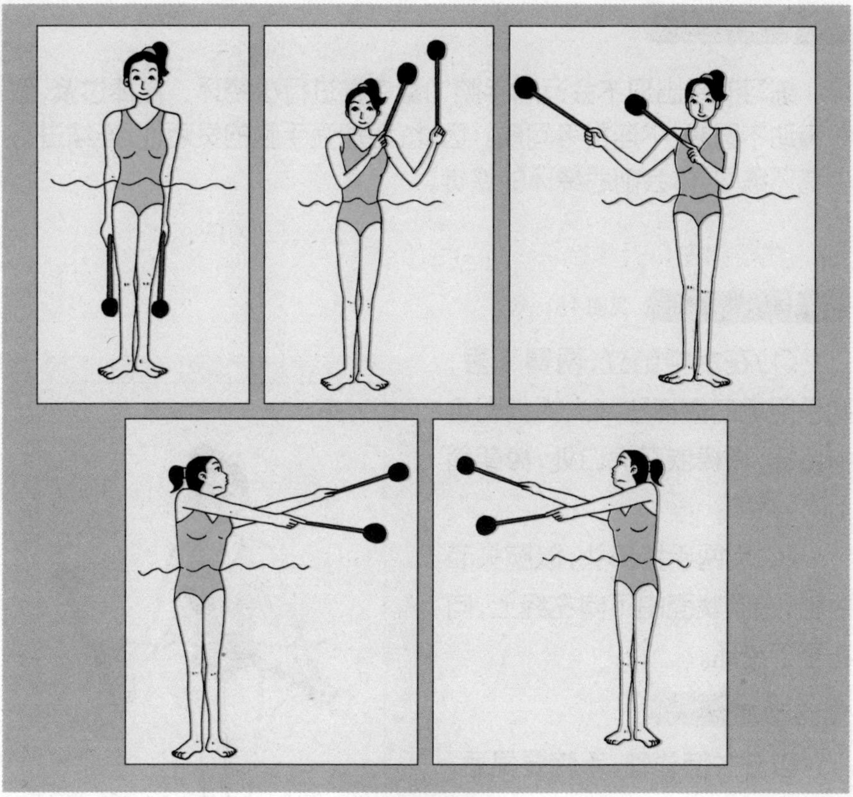

图 4-1-14

体侧向前(后)小绕环

🌸 **动作方法** 见图 4-1-15

（1）在水中站立，两臂下垂，两手用虎口握棒法（大拇指和食指持棒，将棒嵌在虎口处，棒朝斜上方）握棒；

（2）用两手握棒头，以腕关节为轴，沿矢状面由下向前经上，向后至下绕环。

🌸 **技术要点**

以腕关节为轴，手腕要灵活，器械旋转的速度要快。

图 4-1-15

❋ 错误纠正

练习时易出现不会运用手腕力量使棒进行小绕环，捏棒过紧，致使转动不圆滑、不连贯等问题。因此,应加强手腕的灵活性,连续进行小绕环练习,体会前后绕环的感觉。

体前向左(右)小绕环

❋ 动作方法 见图4-1-16

(1)在水中站立,两臂下垂,两手用虎口握棒法（大拇指和食指持棒,将棒嵌在虎口处,棒朝斜上方)持棒;

(2)用两手持棒头,以腕关节为轴,沿额状面由下向左经上,向右至下绕环。

❋ 技术要点

以腕关节为轴,手腕要灵活,器械旋转的速度要快。

❋ 错误纠正

练习时易出现不会运用手腕力量使棒进行小绕环,持棒过紧,致使转动不圆滑、不连贯等问题。因此,应加强手腕的灵活性,连续进行小绕环练习,体会前后绕环的感觉。

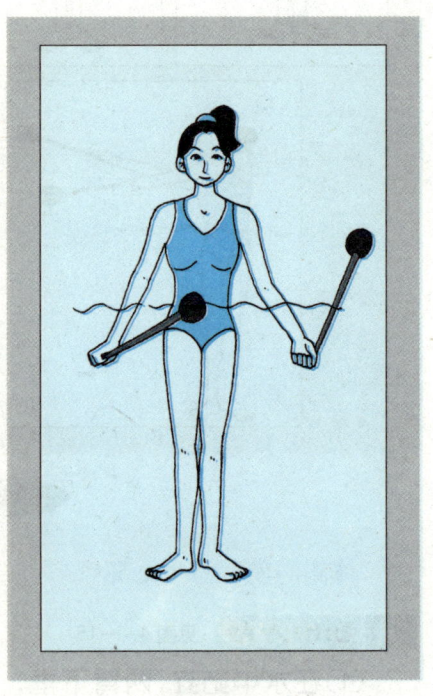

图4-1-16

两臂侧举向上(内)小绕环

❋ 动作方法 见图4-1-17

(1)在水中站立,两臂前举,两手用三指握棒法持棒;

(2)以腕关节为轴,沿矢状面在臂的内侧,棒由前经上向内(胸),再由内向下至前绕环,两手的动作对称。

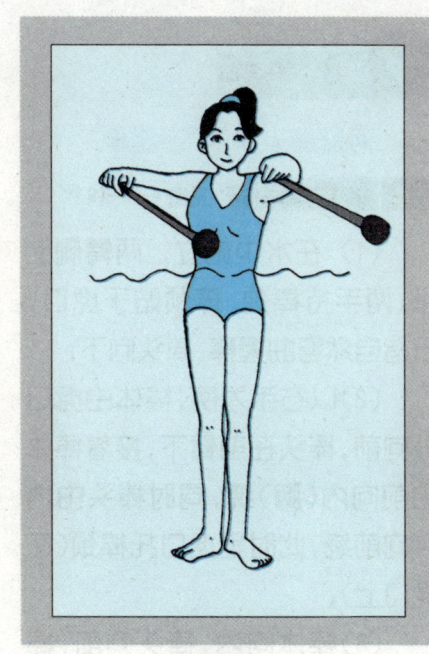

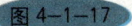

技术要点

以腕关节为轴，手腕要灵活，器械旋转的速度要快。

错误纠正

练习时易出现不会运用手腕的力量使棒进行小绕环，持棒过紧，致使转动不圆滑、不连贯等问题。因此，应加强手腕的灵活性，连续进行小绕环练习，体会前后绕环的感觉。

两臂前举向上（外）小绕环

动作方法　见图4—1—18

（1）在水中站立，两臂前举，两手用三指握棒法持棒；

（2）以腕关节为轴，棒沿矢状面在臂的外侧，由前经上向后，再由后向下至前绕环，两手动作对称。

图4—1—17

技术要点

以腕关节为轴，手腕要灵活，器械旋转的速度要快。

错误纠正

练习时易出现不会运用手腕的力量使棒进行小绕环，持棒过紧，致使转动不圆滑、不连贯等问题。因此，应加强手腕的灵活性，连续进行小绕环练习，体会前后绕环的感觉。

图4—1—18

 "8"字绕

两臂侧上举"8"字绕棒

❋ **动作方法** 见图 4-1-19

（1）在水中站立，两臂侧上举，两手持棒颈，棒颈贴于虎口，五指自然弯曲握棒，棒头向下；

（2）以右手为例，棒体由虎口处向前，棒头在前臂下，接着棒体由前向内（胸）绕，同时棒头由内外向前绕，此时呈虎口托棒颈（在虎口上）；

（3）棒体向内，棒头向前，棒体由内向外、向前绕，同时棒头由前向左、向内（胸）绕；

（4）如此不停顿地连续进行，左手和右手同时做对称动作。

图 4-1-19

❋ **技术要点**

在绕环过程中，以腕关节为轴，中指、无名指、小拇指扶持棒颈不停转动，并灵活地随转动的惯性发力，两手腕上、下移动，保持两手重叠，动作连贯，速度不必太快。

❋ **错误纠正**

练习时易出现发力部位不明确，动作不连贯等问题。因此，应先做单手慢动作练习，体会"8"字绕环的线路和手指随棒绕环、拨转棒的方法，然后，两手同时做慢动作，逐步熟练动作。

两臂依次大"8"字绕

❋ **动作方法** 见图 4-1-20

（1）在水中站立，两臂下垂，两手用三指握棒法持棒；

（2）右臂先向左侧做左右"8"字绕环，当右臂绕环至右侧时，左臂开始向右侧做"8"字绕环；

（3）两臂依次不停顿地在身体左右两侧做"8"字绕环。

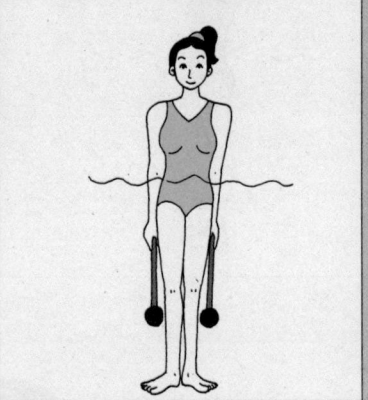

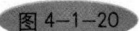

图4—1—20

绕环时两臂在体侧交叉的幅度要大,棒始终在左右两侧的矢状面上进行。

练习时易出现绕环时手腕没有参与运动,持棒过紧,动作不圆滑、不连贯等问题。因此,应先在掌握各种面上的大、小绕环之后,再逐渐使两手配合起来进行绕环练习,动作由慢到快,由易到难。

两臂前举内外"8"字绕

💠 **动作方法** 见图 4—1—21

(1)在水中站立,两臂前举,用三指握棒法持棒;

(2)棒由前举在臂的内侧绕环一次,借绕环的惯性将棒甩至虎口上,随即在臂的外侧向内后绕环一次;

(3)如此连续不停顿地进行,形成棒在臂的内侧和外侧的"8"字绕环,两手动作对称。

图 4—1—21

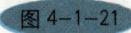

两棒借助向内摆动的惯性做向内、向外垂直小绕环,三指持棒、松棒的转换要灵活及时。

错误纠正

练习时易出现手腕没有参与运动,屈臂,动作不连贯等问题。因此,应先掌握好单一的小绕环,再连接起来练习,体会转腕动作,速度均匀。

两臂侧举上下水平"8"字小绕

动作方法 见图4-1-22

（1）在水中站立,两臂侧举,两手用三指握棒法持棒;

（2）以左手为例,棒在手下向顺时针方向沿水平面绕环一次;

（3）如此上下不停顿地绕环形成两臂同时进行的上、下水平"8"字小绕,两手动作对称。

技术要点

手腕参与运动,动作连贯。

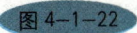

图4-1-22

 **错误纠正**

练习时易出现手腕没有参与运动,屈臂动作不连贯,"8"字绕不均匀等问题。因此,应先掌握好单一的小绕环,再连接起来练习,体会转腕动作,速度均匀。

▼ 五花

动作方法 见图4-1-23

(1)在水中站立,两臂前举,两手用三指握棒法持棒,棒体向上;

(2)使两手的棒依次沿顺时针方向,在水平面上做上、下"8"字绕环,即右手棒在上绕环时,左手棒则在下绕环,左手棒在上绕环时,右手棒则在下绕环。

技术要点

绕环时臂要伸直,上下水平绕环要连贯、圆滑,两手靠近,距离不可太远。

错误纠正

练习时易出现两手腕分开过大,动作不对称、不均匀等问题。因此,应先进行分解练习,熟练后再两手慢动作进行练习。

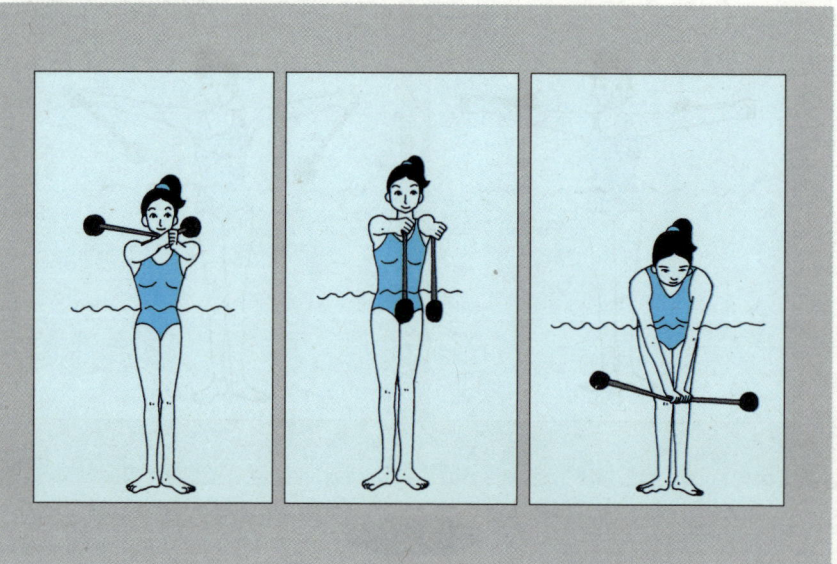

图 4-1-23

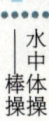
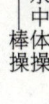
水中棒体操操

 整理活动

　　整理活动是运动结束后所做的放松练习,可以使人体由紧张状态过渡到安静状态。整理活动包括单腿抱膝水中步行和仰卧浮体等。

单腿抱膝水中步行

动作方法 见图 4-1-24

　　(1)上体保持垂直,两手轮流抱膝行走 50～100 米;

　　(2)也可戴平衡圈进行练习。

技术要点

　　上体保持正直。

错误纠正

　　抱膝易出现身体向前倾斜等问题。因此,应尽量保持身体正直。

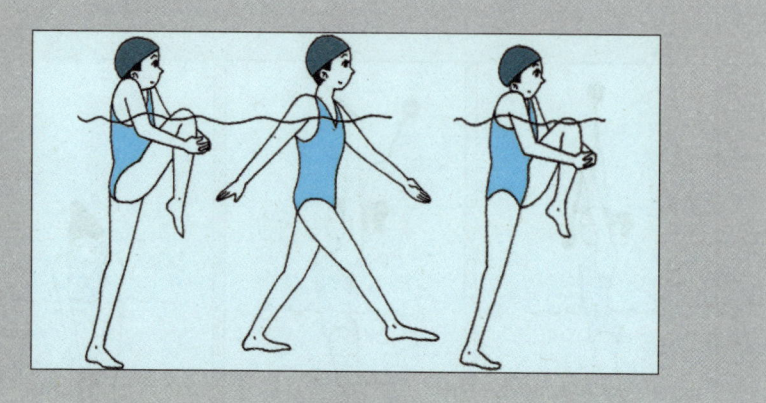

图 4-1-24

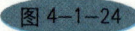 仰卧浮体

 动作方法 见图 4-1-25

将平衡板放在背部,身体在水面上呈仰卧状态,持续 3～5 分钟。

技术要点

身体保持放松状态。

错误纠正

练习时易出现平衡板的位置放置不合理,造成身体失衡,身体没有完全放松等问题。因此,应注意平衡板的放置位置,以感到舒服且能保持身体平衡为宜。

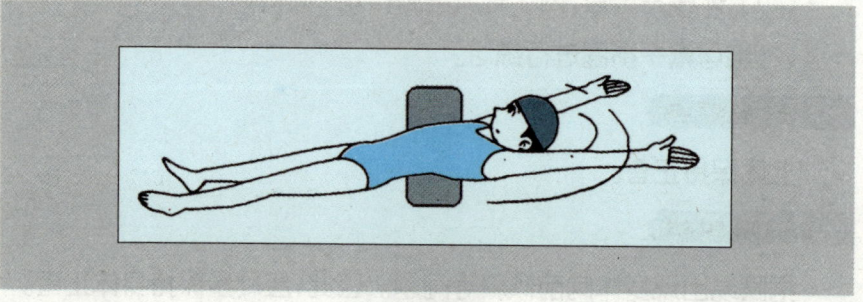

图 4-1-25

第二节

水中踏板操

踏板操是一种有氧健身运动，能够全面提高人体的协调性、心肺功能和肌肉耐力，使人体达到最佳功能状态。但是，在陆上练习踏板操时，由于动作的冲击力很大，容易造成脚、膝等部位的损伤。如果在水中进行踏板操练习，损伤的可能性则会大幅度减小。水中踏板操包括单脚依次点板、基本步、"V"字步、上板点、下板点、上板提膝、后屈腿、转身步、板上点地、上板两侧下骑板和横过板等。

单脚依次点板

单脚依次点板是跟随音乐的节拍，大腿带动小腿，左脚和右脚依次点板的动作，能有效地燃烧腿部脂肪，起到健美腿部的作用。

动作方法 见图4-2-1

（1）直立，两手叉腰，面向踏板；

（2）一脚点板一次，还原。

技术要点

找准节奏，身体放松，脚踏在板中央。

错误纠正

练习时易出现点板动作僵硬，缺乏节奏感等问题。因此，应先熟悉音乐节奏，做动作时肌肉适度紧张和放松，提高动作的质量。

图4-2-1

基本步 ◆◆◆◆◆◆◆◆◆◆

基本步就是两脚依次上板和下板的动作方法。它的主要用力的肌肉是大腿和臀部肌肉。由于此动作要克服的阻力为重力，而在水中这个阻力相对较大，因此，基本步能更好地起到消耗腿部、臀部多余脂肪，达到突出肌肉线条而又不增加肌肉围度的作用，对塑造健美的腿部和臀部有很好的帮助。

❋ 动作方法 见图4-2-2

（1）直立，两手叉腰，面向踏板；

（2）两脚依次踏上板，再依次下板。

❋ 技术要点

当两腿同时在板上时，膝盖挺直。

❋ 错误纠正

练习时易出现节奏感不强，两腿同时上板后膝盖弯曲等问题。因此，应先熟悉音乐，按照要求认真完成动作，提高动作质量，增强健身效果。

图4-2-2

"V"字步

"V"字步是指一只脚向前侧方迈一步,另一只脚随之向另一侧迈一步,然后再依次退回原位的动作方法。该动作能有效地燃烧腿部和臀部肌肉,起到健美体形的作用。

✿ 动作方法　见图4-2-3

(1)直立,两手叉腰,面向踏板;

(2)右脚向右前方踏上板,左脚向左前方踏上板;

(3)两脚依次还原。

✿ 技术要点

(1)两腿膝关节、踝关节始终保持弹动状态;

(2)分开后呈分腿半蹲,重心在两腿之间。

✿ 错误纠正

练习时易出现上板后膝关节、踝关节僵硬,重心未在两腿之间等问题。因此,应先原地熟悉膝关节和踝关节的弹动,两腿分开后略屈膝,保持重心在两腿之间,提高动作的观赏性。

图4-2-3

上板点、下板点是集上板和点板为一体的动作方法,具有良好的减脂塑形功效。

动作方法　见图4-2-4

(1)两手叉腰,面向踏板;

(2)右脚踏上板,左脚踏上点板;

(3)左脚和右脚依次下板,右脚点地。

技术要点

支撑腿始终保持屈膝站立,并且随动作做有弹性的屈伸。

错误纠正

练习时易出现支撑腿直立,没有弹性等问题。因此,应在做此动作时注意弹动。

图4-2-4

 **上板提膝**

上板提膝动作是上板和抬腿提膝动作的结合。该动作能有效地增强腿部和臀部的肌肉力量,减少腿部和臀部的脂肪堆积。

动作方法 见图4-2-5

(1)两手叉腰,面向踏板;
(2)右脚踏上板,左脚屈膝向上抬起;
(3)左脚和右脚依次踏下板。

技术要点

(1)支撑腿挺直,保持身体正直;
(2)提膝后大腿与地面平行。

错误纠正

练习时易出现支撑腿弯曲,膝盖向前等问题。因此,应在做动作前先在板下做左腿、右腿的提膝动作,再逐步配合上板动作。

图4-2-5

 后屈腿

后屈腿动作是指配合音乐节奏，完成上板和后屈腿的组合动作。该动作能增强腿部和臀部的肌肉力量，减少腿部和臀部的脂肪堆积。

动作方法 见图4-2-6

（1）两手叉腰，面向踏板；
（2）右脚踏上板，左腿后屈；
（3）左脚、右脚依次踏下板。

技术要点

支撑腿略屈膝，后屈腿的脚跟靠近臀部。

错误纠正

后屈腿时易出现支撑腿直立等问题。因此，应在做动作时跟准节奏，保持膝部弹动。

图4-2-6

 转身步

转身步动作是指利用腰部力量在板上完成转体45度的动作。该

和水中游戏
水中健身操

动作能有效地锻炼腰部肌肉，燃烧腰部脂肪。

🌸 动作方法　见图 4-2-7

（1）两手叉腰，面向踏板；

（2）右脚向左前方踏上板，左脚踏上板，同时向右转体 45 度；

（3）右脚向左后方踏下板，左脚踏下板，同时向左转体 45 度。

🌸 技术要点

上体正直，两膝弹动。

🌸 错误纠正

练习时易出现身体方位错误等问题。因此，身体应跟随脚踏出的方向向左或向右转体 45 度。

水中踏板操

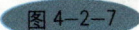

图 4-2-7

板上点地是两脚站在板上，跟随音乐的节奏两脚依次向后做板下点地的动作。该动作能有效地燃烧大腿的脂肪，提高大腿的肌肉力量，增强膝关节的灵活性。

动作方法 见图4-2-8

（1）两手叉腰，两脚站在踏板上；

（2）两脚依次向后在板下点地，然后还原。

技术要点

（1）两膝同时有弹性地屈伸，重心在支撑腿上；

（2）点地时腿尽量后伸；

（3）上体不要扭转，保持直立。

错误纠正

练习时易出现身体前倾等问题。因此，不要刻意地过度后伸腿，以感觉大腿肌肉有牵拉感为宜。

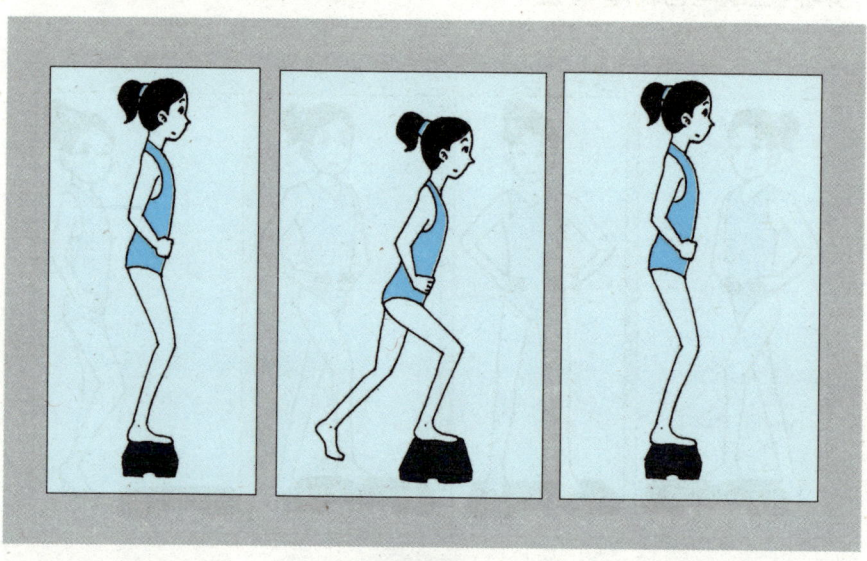

图4-2-8

上板两侧下骑板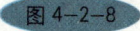

上板两侧下骑板是指随着音乐的节拍，双脚完成上板、骑板、下板等动作。该动作能提高脚步的灵活性和协调性。

动作方法 见图4-2-9

（1）预备姿势：两手叉腰，侧向踏板。

（2）1～2拍：右脚、左脚依次向右侧踏上板。

（3）3～4拍：右脚、左脚依次向两侧踏下板,两腿骑于板上。

（4）5～6拍：右脚、左脚依次踏上板。

（5）7～8拍：右脚、左脚依次向右侧踏下板。

✿ 技术要点

两腿保持弹动,上板和骑板时膝关节略屈。

✿ 错误纠正

练习时易出现骑板时两腿直立,没有弹动等问题。因此,应注意保持身体的弹动。

图4-2-9

 横过板

横过板是指伴随音乐依次完成两次上板，交替腿跳和下板的动作。该动作能锻炼身体的协调性，燃烧腿部肌肉，增强腿部力量，提高身体技能。

动作方法 见图4-2-10

(1)预备姿势：两手叉腰，侧向踏板。

(2)1拍：右脚踏上板。

(3)2拍：右脚、左脚在板上交换腿跳。

(3)3～4拍：右脚、左脚依次向右踏下板。

(4)5～8拍：与1～4拍动作相同，方向相反。

技术要点

支撑腿有节奏地弹动，交换腿跳时注意身体保持正直。

错误纠正

交换腿跳时易出现身体左右摇晃等问题。因此，应使身体处于紧张状态，保持正直，挺胸，腹部、臀部收紧，不要过于放松。

 图4-2-10

第三节

韵律泳

　　韵律泳也称为节奏游泳,是一种有节拍或在音乐伴奏下进行的游泳活动,属于水中健身的一种。这类练习适用于有一定游泳基础的练习者。练习韵律泳首先要学习一些划手的基本技术,掌握一些基本泳姿和基本动作,然后选择音乐进行小组合练习,随着韵律泳水平的提高,逐渐过渡到大组合练习,水平较高的练习者甚至可以随音乐进行即兴的练习。当多人参与练习时,还可以进行各种队形变换和多种图形变化,就像水上团体操一样。韵律泳包括基本姿势、划手基本技术、基本泳姿及滚动和转动等。

 **基本姿势** ◆◆◆◆◆◆◆◆

　　基本姿势包括仰浮姿势、俯浮姿势、芭蕾腿姿势、火鹤姿势和两芭蕾腿姿势等。

 **仰浮姿势**

动作方法 见图4-3-1

　　身体伸展,脸、胸、大腿和两脚仰浮于水面,头(两耳)、髋、踝呈一直线,两臂体侧或头上做平衡划水动作。

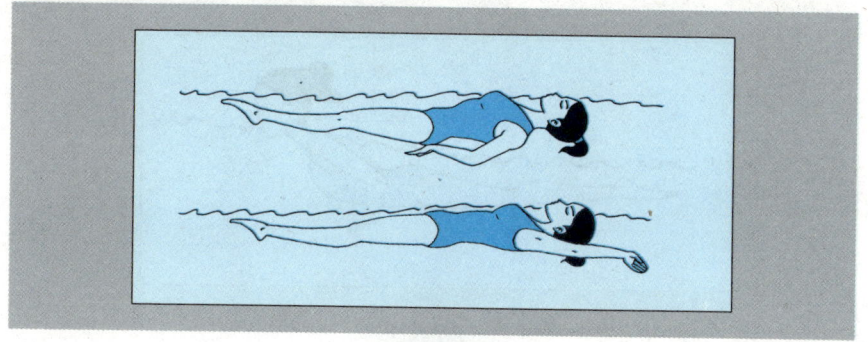

图4-3-1

技术要点

（1）配合划水动作，呼气时下沉，吸气时上浮；

（2）上臂完成划水，肘关节完全伸展，手掌向下。

错误纠正

练习时易出现下沉时身体未能完全浸入水中，身体弯曲，肘关节无法完全伸展，身体未呈一条直线等问题。因此，应注意身体保持在一条直线上，身体两侧保持平衡。

俯浮姿势

动作方法 见图 4-3-2

身体伸展，头、上背部和脚后跟位于水面，脸位于水中或水上，两手体侧做平衡划水，俯浮于水面。

技术要点

（1）腹部呈水平姿势；

（2）两腿伸直，做直腿或屈腿打水；

（3）两手位于体侧，身体保持平衡。

错误纠正

练习时易出现头部沉于水中，两腿弯曲，身体无法保持平衡等问题。因此，身体应俯卧在水面呈流线型，在游进中保持头部平稳，躯干围绕身体做平衡划水运动。

图 4-3-2

芭蕾腿姿势

动作方法 见图 4-3-3

身体呈仰浮姿势,一腿伸直上举与水面垂直,躯干与垂直腿的角度尽可能接近 90 度,耳、肩、髋关节和水平腿呈一直线,并尽量接近水平,两手体侧做平衡划水。

技术要点

(1)身体平浮于水面;
(2)在上体保持正确姿势的前提下,有节奏地变换腿姿;
(3)身体保持平衡并处于一条直线上。

错误纠正

练习时易出现上举腿不能与水面垂直,躯干无法完全贴浮于水面等问题。因此,应注意身体在水面保持水平,两手位于体侧,做平衡划水运动。

图 4-3-3

火鹤姿势

动作方法 见图 4-3-4

身体仰浮,一腿伸直上举与水面垂直,另一腿屈膝收向胸前,小腿

韵律泳

中部靠着垂直腿，脚和膝与水面平行，脸位于水中或水面，两手在体侧做平衡划水。

技术要点

(1)身体仰浮于水面；

(2)一腿伸直，另一腿屈膝，脚、膝与水面平行；

(3)两手于体侧做平衡划水。

错误纠正

练习时易出现伸直腿不能与水面垂直，另一条腿不能屈膝收于胸前，脚、膝与水面倾斜等问题。因此，应注意两腿的动作和角度，身体与水面平行。

图4-3-4

 **两芭蕾腿姿势**

动作方法　见图4-3-5

身体呈仰浮姿势，两腿并拢伸直上举与水面垂直，胸接近水面，肩尽量后压，使头与躯干尽量接近水面，脸在水面上。

技术要点

(1)两腿并拢，向左右或前后运动；

(2)两腿伸直上举，与水面垂直；

（3）以芭蕾舞为基础，变换造型。

　　练习时易出现两腿分开，没有方向的运动，头和躯干远离水面等问题。因此，应注意两腿并拢与水面垂直，胸接近水面，两腿做芭蕾姿势的动作。

图 4—3—5

　　划手基本技术包括静止仰浮姿势划手技术、仰浮姿势头向移动划手技术、仰浮姿势脚向移动划手技术、静止俯浮姿势划水技术、俯浮姿势头向移动划水技术和俯浮姿势脚向划水技术等。

 静止仰浮姿势划手技术

❀ 动作方法　见图 4—3—6

　　（1）身体仰浮于水面，两臂位于体侧，五指并拢，手指和手腕呈水平状态，掌心向下；

　　（2）上臂保持不动，肘关节固定，用手腕带动前臂作向外、向内连续划水的动作。

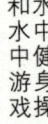
（1）向外划水时，小指一侧上翘45度左右；向内划水时，大拇指一侧上翘45度左右；

（2）向外、向内划水的幅度为35～45度，离水面20厘米左右。

练习时易出现两臂浮出水面、五指张开、掌心方向不明确、上臂和前臂一起用力划水等问题。因此，应在保持身体水平状态的前提下，距水面有一定距离，以上臂带动前臂，做连续的划水运动。

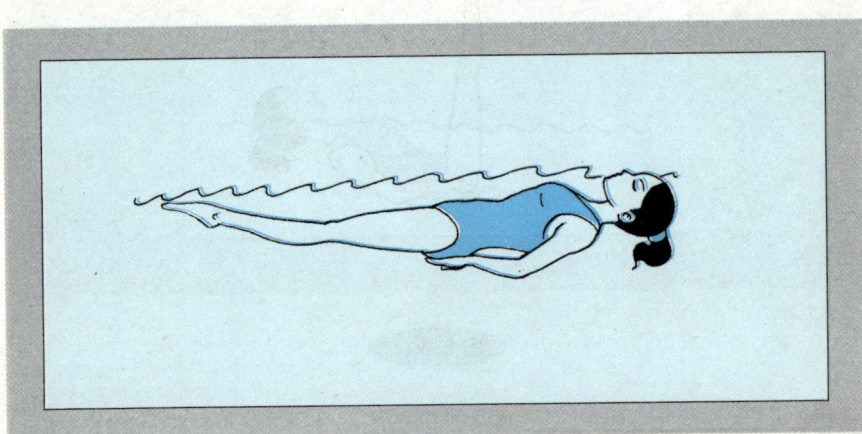

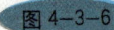

图4-3-6

 仰浮姿势头向移动划手技术

见图4-3-7

（1）身体呈仰浮姿势，两臂位于体侧，掌心向下；

（2）上臂保持不动，肘关节固定为支点，手掌、手腕背屈45度，用手腕带动前臂做向外、向内的划水动作，身体向头的方向移动。

（1）当手横过肩膀，划臂肘关节开始伸展，这时身体移动达到最大幅度（40～50度）；

（2）两臂完成划水时，肘关节完全伸展，手掌向下。

错误纠正

练习时易出现上臂用力、两臂浮出水面、肘关节弯曲划水等问题。因此,应注意上臂带动前臂用力划水,肘关节完全伸展,身体向头的方向移动。

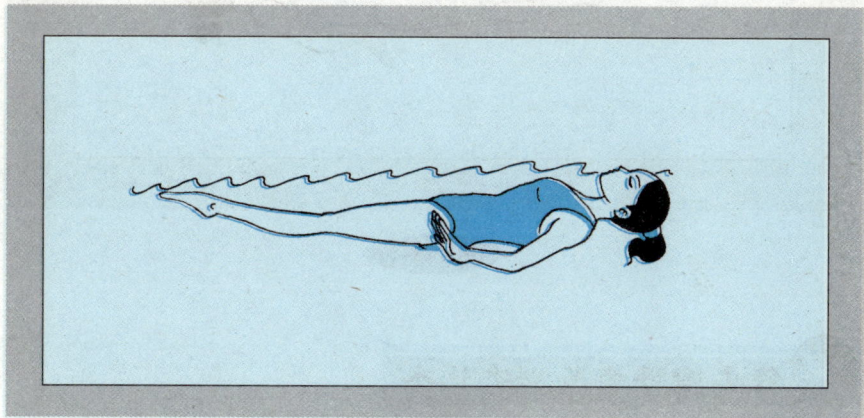

图 4-3-7

仰浮姿势脚向移动划手技术

 动作方法 见图 4-3-8

(1)身体呈仰浮姿势,两臂位于体侧,掌心向下;

(2)上臂保持不动,肘关节固定为支点,手掌手腕掌屈45度,手腕带动前臂做向外、向内的划水动作,身体向脚的方向移动。

技术要点

(1)当手向下、向外划水时,肘关节屈曲,由腿开始做封角线的上打动作。

(2)两臂开始做向下划水动作时,向腿和脚的方向继续用力运动。

错误纠正

练习时易出现身体在水面中倾斜,两臂浮出水面一起用力,不能以腿和脚的方向为基点运动等问题。因此,应保持两臂位置正确,以上臂带动前臂,用力向脚和腿的方向运动。

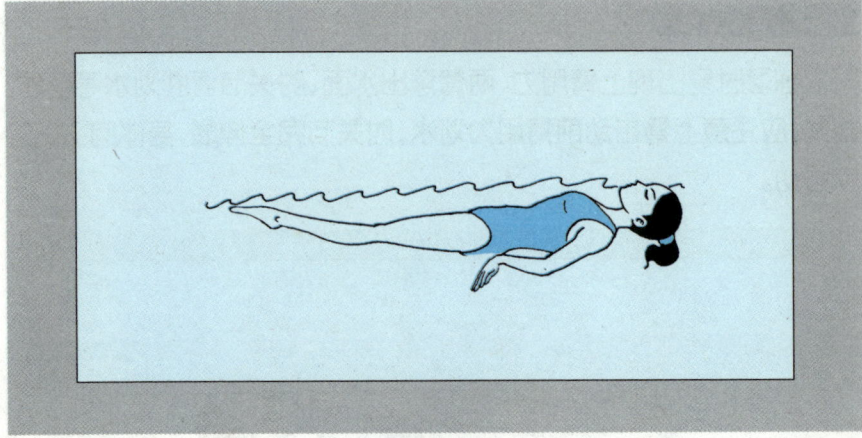

图 4-3-8

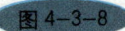 静止俯浮姿势划水技术

 动作方法 见图 4-3-9

(1)身体呈俯浮姿势,两臂位于体侧,屈肘,掌心向下;

(2)划水动作同静止仰浮姿势。

技术要点

(1)向外划水时,小指一侧上翘 45 度左右,向内划水时,大拇指一侧上翘 45 度左右;

(2)向外、向内划水的幅度为 35～45 度,距水面 20 厘米左右。

错误纠正

练习时易出现两臂浮出水面,五指张开,掌心方向不明确,上臂和前臂一起用力划水等问题。因此,应在保持身体水平的前提下,距水面有一定距离,以上臂带动前臂,做连续的划水运动。

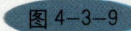
图 4-3-9

俯浮姿势头向移动划手技术

 动作方法 见图 4-3-10

（1）身体呈俯浮姿势，两臂位于体侧，屈肘；

（2）头向移动时，上臂不动，手掌对准后方，以手腕带动前臂连续做背屈后向身后划水动作。

技术要点

屈肘，移动时上臂保持不动，手腕带动前臂做划水动作。

错误纠正

练习时易出现肘关节外展，手臂动作不规范等问题。因此，应使上臂尽量贴近身体。

图 4-3-10

俯浮姿势脚向划水技术

 动作方法 见图 4-3-11

（1）身体呈俯浮姿势，两臂位于体侧，屈肘；

（2）脚向移动时，上臂不动，掌心向头的方向，手腕带动前臂做掌屈、背屈的划水动作。

技术要点

（1）上臂保持不动，肘关节固定为支点，手掌 45 度屈，用手腕带动前臂，做向外、向内的划水动作，身体向脚的方向移动；

（2）向外划水时，小指一侧上翘 45 度左右；向内划水时，大拇指一侧上翘 45 度左右；

（3）向外、向内划水的幅度为 35～45 度，距水面 20 厘米左右。

错误纠正

练习时易出现肘关节外展，手臂动作不规范等问题。因此，应使上臂尽量贴近身体。

图 4-3-11

基本泳姿包括抬头自由泳、仰泳、抬头蛙泳、抬头侧泳、踩水和潜泳等。

 抬头自由泳

动作方法 见图 4-3-12

（1）身体俯卧水中，肩、头露出水面，目视前方，两腿做自由泳交替打水，两臂在水下沿身体中线交替向后划水；

（2）划水时一臂前伸，另一臂后伸，动作开始便按节拍做直臂或屈臂交替移臂；

（3）做直臂移臂时，出水的手要后拉略停顿一拍，然后使上臂贴耳部延长线移臂至肩前方，做入水动作，节拍落在后拉动作和向前入水的动作上；

（4）做屈臂移臂时，保持屈肘姿势，其他与直臂移臂相同。

❋ 技术要点

(1)头擦水面,下颌收敛;

(2)身体要保持平直,腰腹收紧;

(3)两腿自然并拢,脚略内旋,踝关节放松,以髋关节为轴,由大腿带动小腿和脚掌,两腿交替做鞭打动作,两脚尖上下最大距离为30~40厘米,膝关节最大屈度约160度。

❋ 错误纠正

练习时易出现身体弯曲,塌腰,两腿不能并拢等问题。因此,应保持身体平直,换气时略抬头而不要仰头。

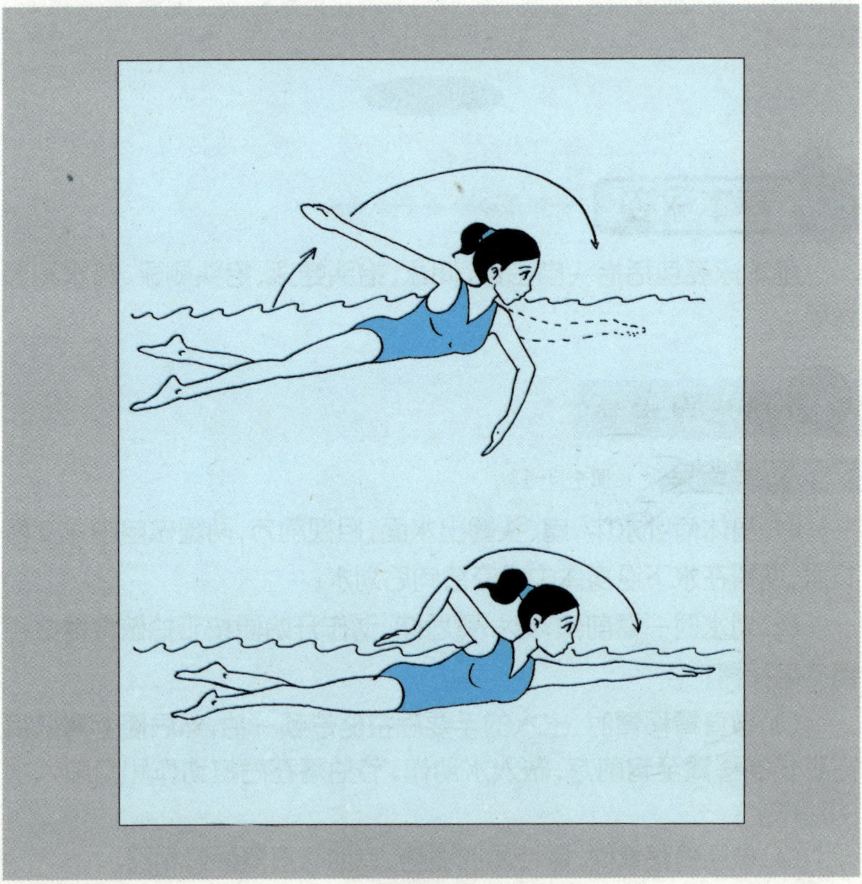

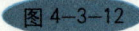

图4-3-12

仰泳

动作方法 见图4-3-13

　　（1）身体呈仰卧姿势,头、肩位置不限,两腿做仰泳交替打水,直臂移臂时,一臂在体侧划水,另一臂移至头前入水;

　　（2）屈臂移臂时,一手体侧划水,另一手在胸前完成一个大小臂弯曲90度的动作,然后按节拍做臂伸直入水。

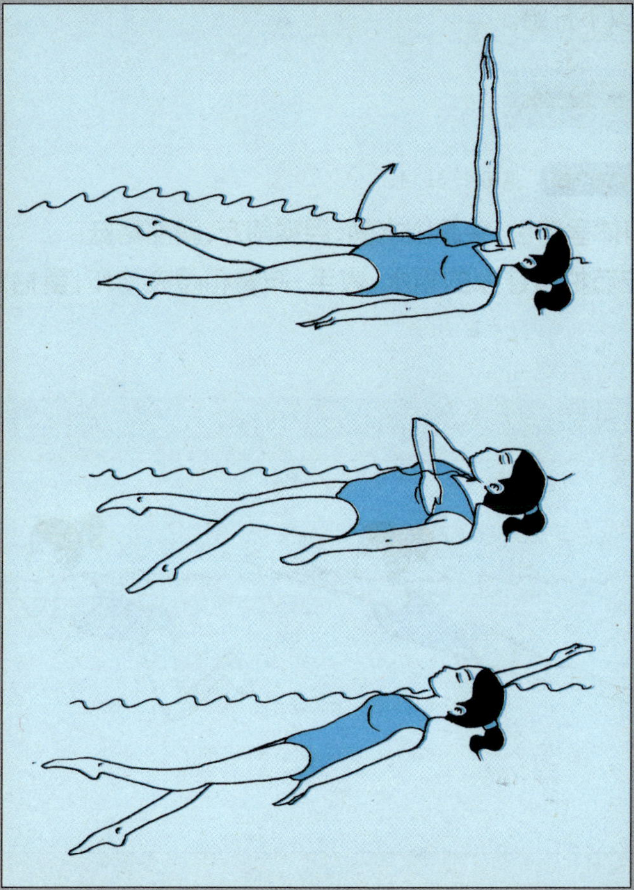

图4-3-13

 技术要点

（1）任何时候都要使自己的身体姿势保持流线型；

（2）尽量使身体与水平面平行，通过略向前耸肩，使脊背保持挺直，像滚动的原木那样使身体向两侧转动；

（3）保持踝关节的灵活性对仰泳十分重要，两腿要窄，脚尖伸展，脚应位于身体截面内。

错误纠正

打水时易出现上半身过度向左或向右转动，产生身体波动，使身体下沉，从而破坏划水的节奏等问题。因此，应使上半身相对固定，转动从臀部以下开始。

抬头蛙泳

动作方法 见图4-3-14

（1）身体呈俯卧，头露出水面，目视前方，胸部略挺；

（2）按节拍做蛙泳的划水，收手，伸臂和蹬夹动作，重拍落在手腿伸直时。

图4-3-14

技术要点

蹬夹有力,手臂自然划水,划手,收手,伸臂,蹬夹等动作跟准节奏。

错误纠正

练习时易出现节奏感不强等问题。因此,应做好抬头蛙泳技术动作,随着动作的逐步熟练,配合音乐进行练习。

抬头侧泳

动作方法　见图4-3-15

（1）身体自然伸展侧卧于水中,两臂前后伸直,头和一侧肩露出水面;

（2）收腿的同时,两臂按节拍在胸前收手,头部转向后方,目视后方,随着两臂胸前交叉,两腿做蹬剪动作;

（3）身体伸直时,头部转向前方,目视前方,转头与臂的动作配合协调,重拍落在收手和伸手的动作上。

技术要点

（1）身体侧卧水中,略向胸侧倾斜;

（2）头的侧下部浸入水中,近似于爬泳的吸气动作;

（3）下面的臂前伸,上面的臂置于体侧,两腿并拢伸直,游进时身体绕纵轴转动。

错误纠正

练习时易出现身体平卧在水中,并在水中保持平直状态,两腿弯曲以致无法自由转动等问题。因此,应注意在水中的姿势和胸的位置,两腿并拢伸直。

图 4-3-15

 **踩水**

动作方法 见图 4-3-16

（1）头、颈、胸、腰部伸直，目视前方，两膝充分分开，大腿与身体呈 90 度角，两腿同时或交替做蹬水动作；

（2）单手或两手在水面可按照节拍或音乐旋律做花式变化。

技术要点

蹬水时膝关节弯曲，勾脚外翻，使小腿内侧向下，以膝关节为支点，小腿和脚做蹬水动作，使身体尽量露出水面。

错误纠正

练习时易出现膝关节和踝关节伸直，脚向内翻转，身体在水下等问题。因此，应在膝关节弯曲的前提下脚向外翻转，腿脚一起用力蹬水。

图 4-3-16

▼ 潜泳

❋ 动作方法 见图 4-3-17

(1)两腿朝下潜泳,在潜入以前两臂前伸,屈腿;

(2)两臂用力向下撑水,同时两腿做蛙泳的向下蹬水动作,使上体至腰部跃出水面;

(3)利用身体的重力,使身体向下,如直体跳水的姿势浸入水中;

(4)入水后,两臂做自下而上的推水动作,以增加下沉的速度,到达水底或预定的深度之后,立即团身,将头转向所需要的方向游进。

❋ 技术要点

(1)下潜前,将新鲜空气充满胸腔,然后排出,重复做不超过 3 次;

(2)潜入以前两臂前伸,屈腿。

❋ 错误纠正

练习时易出现潜入水前两臂弯曲,两臂向上抱水而不是自下而上的推水,两腿不能配合用力蹬水,到达预定深度后不能立即团身等问题。因此,应多加练习,体会动作要领。

图 4—3—17

滚动与转动 ◆◆◆◆◆◆◆◆◆

滚动和转动是韵律泳动作组合中经常使用的一种过渡动作。

动作方法 见图 4—3—18

身体仰浮或俯浮于水面，按节拍沿身体纵轴向左或向右旋转 180
度或 360 度。

技术要点

滚动时先转头，随即借助水的浮力作用，利用腰部及其他部位的
力量完成动作。

错误纠正

练习时易出现滚动时身体扭曲，滚动完成后找不到合适的平衡点
等问题。因此，应保持身体处于紧张状态，掌握滚动所需的力量。

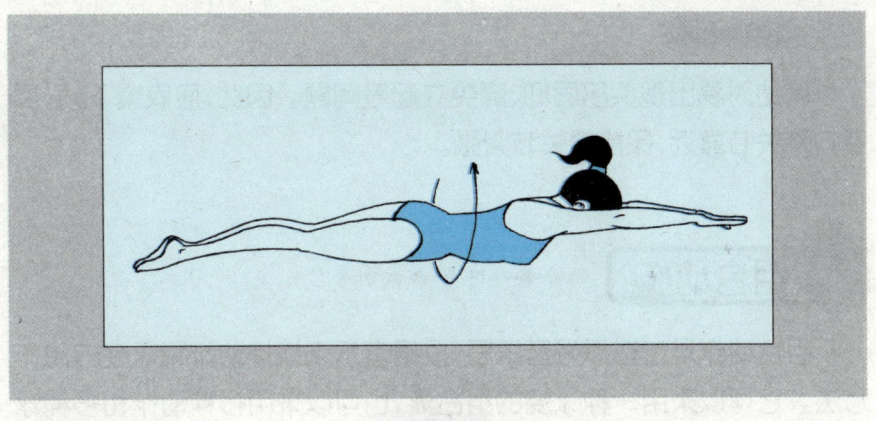

图 4-3-18

 转 动

🔅 动作方法　见图 4-3-19

　　身体仰浮于水面呈团身姿势，按节拍做平面转动 180 度或 360度。

🔅 技术要点

　　屈膝，绷脚，头部收紧，下颏尽量靠近膝关节，借助水的浮力和手臂划水的力量完成动作。

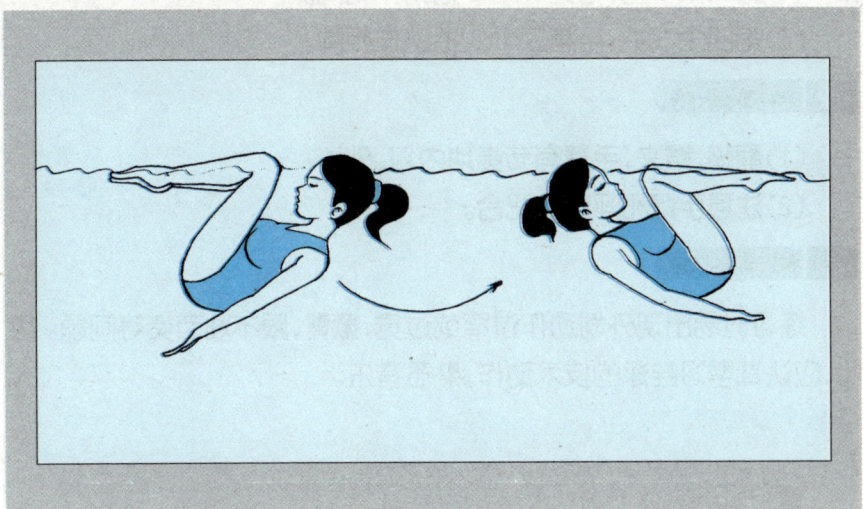

图 4-3-19

转动时易出现头部后仰、脚尖立起等问题。因此，应收紧下颌，尽量向膝关节靠近，保持踝关节紧张。

组合动作 ◆◆◆◆◆◆◆◆◆

组合动作是在选择好音乐后，根据音乐来编排动作和泳姿的动作方法。它可以采用一种泳姿的组合泳，也可以采用多种动作和多种泳姿的组合泳，动作和组合可以重复多次。

▼ 一种泳姿组合

蛙泳

动作方法 见图4-3-20

(1)第一个8拍：1~2拍，抬头；3~4拍，低头；5~8拍，重复1~4拍动作。

(2)第二个8拍：1~4拍，抬头；5~7拍，低头；8拍，抬头。

(3)第三个8拍：与第一个8拍动作相同。

(4)第四个8拍：与第二个8拍动作相同。

技术要点

(1)翻脚，蹬夹，手臂有节奏地内划、外划；

(2)注意手臂和呼吸的配合。

错误纠正

练习时易出现外划动作过窄或过宽，撅臀，跟不准节奏等问题。因此，应认真学习蛙泳的技术动作，熟悉音乐。

图 4-3-20

仰泳

✿ 动作方法 见图 4-3-21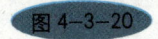

（1）第一个 8 拍：1～3 拍，右手向左、向右、向左依次屈臂点水；4 拍，手臂由身体一侧经耳朵移至耳后完成移臂动作；5～7 拍，向左手向右、左、向右依次屈臂点水；8 拍，移臂。

（2）第二个 8 拍：与第一个 8 拍动作相同。

（3）第三个 8 拍：1～3 拍，右手直臂垂直上举；4 拍，移臂；5～8 拍与 1～4 拍动作相同，换左手。

（4）第四个 8 拍：1～3 拍，右手直臂变屈肘胸前停留；4 拍，移臂；5～8 拍与 1～4 拍动作相同，换左手。

✿ 技术要点

注意手臂划水和腿部蹬水动作与头的转动动作的配合。

✿ 错误纠正

练习时易出现手臂、腿、头配合不协调等问题。因此，应跟随音乐多做练习，体会动作要领。

图 4-3-21

两种泳姿组合

自由泳 + 仰泳

动作方法 见图4-3-22

（1）第一个8拍：抬头直臂自由泳。

（2）第二个8拍：1～4拍，身体向左或右滚动180度；5～8拍，仰泳打水。

（3）第三个8拍：仰泳直臂移臂。

（4）第四个8拍：1～4拍，身体向左或向右滚动180度；5～8拍，自由泳腿打水。

技术要点

注意手脚动作和头部转动的配合。

错误纠正

练习时易出现动作配合不协调等问题。因此，应跟随音乐多做练习，体会动作要领。

韵律泳

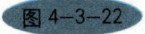

图4-3-22

蛙泳＋仰泳组合

动作方法 见图4-3-23

（1）第一个8拍：1～4拍，身体向左或向右滚动180度；5～8拍，抬头蛙泳。

（2）第二个8拍：1～4拍，身体向左或向右滚动180度；5～7拍，按右臂左、向右、向左点水；8拍，移臂。

（3）第三个8拍：平转360度。

（4）第四个8拍：1～4拍，左、右屈臂仰泳；5～8拍，抬头蛙泳。

技术要点

注意手脚动作和头部转动的配合。

错误纠正

练习时易出现动作配合不协调等问题。因此，应跟随音乐多做练习，体会动作要领。

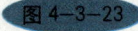

图4-3-23

第四节

水中游戏

　　水中游戏是水中健身必不可少的一部分，是水中健身运动趣味性的体现。在训练中，合理地安排一些水中游戏活动，不仅可以使训练内容丰富多彩，帮助练习者掌握和巩固游泳运动技能，使初学者在兴奋的情绪中忘掉对水的畏惧，克服怕水的心理，还可以有效地集中练习者的注意力，提高他们的兴奋性和学习兴趣。水中游戏，可以分组协作完成，也可以单独完成，主要包括火车赛跑、逆向转圈、穿山洞、结网捕鱼、吹乒乓球和打水仗等。

 火车赛跑

　　分成若干组，每组成一路纵队站立水中，后者两手搭在前者肩上，听口令开始前进，看哪组最先到达对岸（见图4-4-1）。

图4-4-1

逆向转圈

将练习者分成内、外两圈,各圈队员手拉手站立于浅水中,开始时内圈顺时针、外圈逆时针转,听到口令后,内、外圈变换方向(见图4-4-2)。

和水中游戏
水中健身操

图 4-4-2

穿山洞

将练习者分成若干组,各成两行,面对面拉手上举成"山洞"。从排头起一对一对地从洞中穿过,到洞尾后再接成洞。最后一对先出洞的队为胜方(见图4-4-3)。

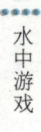

图 4-4-3

 结网捕鱼 ◆◆◆◆◆◆◆◆◆

　　指定一人当"渔夫",其他人散开当"鱼"。被"渔夫"抓、拍到的人即与"渔夫"手拉手结成"网",一起去捕"鱼",直至将"鱼"捕尽(见图4-4-4)。

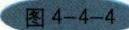

图 4-4-4

 吹乒乓球

　　练习者站立水中,面前放一个乒乓球。练习者深吸气后对准乒乓球用力吹气,把乒乓球向前吹出,看谁最先将球吹至对岸。这个练习可帮助练习者体会用力吸气的动作要领(见图 4-4-5)。

图 4-4-5

 打水仗 ◆◆◆◆◆◆◆◆

　　将练习者分成两组,水中相对站立,间距约1米。听到信号后,练习者用手朝对方撩水,要求不能前进也不能后退,不准用手捂脸或转身背向对方,体会在满脸淌水的情况下进行快速短促的换气方法(见图 4-4-6)。

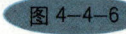

图 4-4-6